First published in 1983 under the title Masterglass
This edition published in 2008 under the title How to Taste Wine
by Conran Octopus Ltd., an imprint of Octopus Publishing Group Ltd.
2-4 Heron Quays Docklands, London E14 4JP

Text © Jancis Robinson, revised edition 2008
Design and layout © 2008 Octopus Publishing Group Ltd.
All rights reserved
本书中文简体版权由上海三联书店所有。
未经许可，不得翻印。

图书在版编目（CIP）数据

品酒：罗宾逊品酒练习册／（英）罗宾逊 著；吕杨 吴岳宣 译
—上海：上海三联书店，2011.2
ISBN 978-7-5426-3122-0

Ⅰ.①品… Ⅱ.①罗…②吕…③吴…
Ⅲ.①葡萄酒－食品感官评价 Ⅳ.TS262．6
中国版本图书馆CIP数据核字（2009）第151840号

责任编辑／ 邱　红
装帧设计／ 范峤青
监　　制／ 任中伟
责任校对／ 张大伟

出版发行／ 　上海三联书店
　　　　　　（200030）中国上海市漕溪北路331号A座6楼
邮购电话／ 021-22895540
印　　刷／ 深圳市汇亿丰印刷科技有限公司

版　　次／ 2011年2月第1版
印　　次／ 2019年12月第10次印刷
开　　本／ 760mm×965mm　1/16
字　　数／ 160千字
印　　张／ 13
书　　号／ ISBN 978-7-5426-3122-0/G·994
定　　价／ 72.00元

品　酒
HOW TO TASTE WINE

罗宾逊品酒练习册

品　酒
HOW TO TASTE WINE

罗宾逊品酒练习册

［英］简希斯·罗宾逊 著
JANCIS ROBINSON
《牛津葡萄酒百科辞典》主编

吕　杨
　　　　译
吴岳宣

上海三聊书店

中文简体版序

　　葡萄酒是如此美妙的东西，我也非常欣赏中国人的品酒资质和评鉴才能。因此，当得知我的这本品酒指南能够出中文版的时候，我由衷地感到高兴。

　　与其他任何美食和美酒相比，葡萄酒是如此与众不同，因此品鉴葡萄酒也是十分特别的，有一本关于如何品酒的练习指南将会对您大有帮助。当然，我认为学习葡萄酒最明智、也是最愉快的方法，还是通过品酒。

　　这本书包括了一系列关于葡萄酒的简洁解释，同时也伴随有例证这些解释的实践练习。我衷心希望在本书的帮助下，您能够在品酒的乐趣中享受学习关于葡萄酒的知识。

　　我们都应该感谢吕杨，将《品酒》一书翻译成中文是他的主意（这本书已经以其他多种语言出版），他也以极其认真的态度和专业的知识完成了本书的翻译工作。

　　我也邀请您访问我的网站：www.JancisRobinson.com，那里有更多关于葡萄酒的中文信息。

　　干杯！

Jancis

目　录

前味：
一本写给"酒鬼们"的书

　　这本书是写给那些想更了解葡萄酒、并且已经深切地认识到喝葡萄酒是远比学习葡萄酒更加有趣的人。幸运的是，品尝葡萄酒这种实践不仅比枯燥的理论知识更吸引人，同时也更加重要。

　　对我们这些以撰写和评论葡萄酒为生的人来说，我们会很容易忽略一个事实，那就是葡萄酒的味道其实是最重要的。这种可爱液体的存在，其目的不是为了填满葡萄酒大全书架，也不是为了证明年代身份，而是带给我们感官上的快乐。这本"泡在酒中的"葡萄酒指南只不过是你品尝葡萄酒时的一个"伴侣"，解释为什么不同的葡萄酒有它们自己不同的味道，这会使你成为一个有一定基本知识的葡萄酒品尝者，而不是一个无知自大的酒徒，从而可以最大限度地增加你品酒的乐趣。

　　这本葡萄酒品尝练习册是一本写给"酒鬼们"的完整的葡萄酒课程。它会告诉你葡萄酒是如何酿成的，解释诸如天气以及酒瓶大小这些不同的因素是如何影响到葡萄酒最终的味道，示范如何能够从正确地服侍 (serve) 和品尝葡萄酒中得到最大的乐趣。所有这些品酒知识不仅是以文字方式提供给你，而且还有许多实践练习，这些练习大多都与那个最重要的活动——品酒有关。每一个章节都被分成理论和实践两个部分，这样你可以先学习相关的理论知识，然后再用来测试你自己。你也会被要求做一些其他的练习，比如品尝牙膏的味道，或者用茶杯来品尝葡萄酒。

　　这个课程的开始部分是我们个人品尝机能的概括，重点讲述一些令人吃惊的事实，它们能够帮助你从日常吃喝的任何东西中品尝出更多的味道，无论是食品还是葡萄酒。接下来将详细讲解服侍和品尝葡萄酒在实践方面的内容。不过，这本书的主要内容还是以"毫无痛苦的品酒"这个方式来告诉你有关葡萄酒的故事。

　　实践部分的那些练习，其意义是通过对"为什么每种葡萄酒是这个味道的"做出重要解释来装备各位感兴趣的葡萄酒爱好者。所有有关味道的因素都有特定的例子来阐述说明，每一个完成这些练习的人都会对葡萄酒的基本知识有非常出色的领会，这种领会是在与葡萄酒最相关、但却常常会被忽略的地方——也就是在你的酒杯里完成的。你几乎真的可以通过品尝葡萄酒而变成葡萄酒专家。课程学到一半的时候，你突然会惊喜地发现，你居然已经可以

区分一瓶霞多丽 (Chardonnay) 和一瓶长相思 (Sauvignon Blanc)；学到最后，你甚至可以区分一瓶波尔多 (Bordeaux) 和一瓶加利福尼亚赤霞珠 (Cabernet Sauvignon)。到时候你犯的错误不会比葡萄酒专家更多，也就是说，每次至少会说对一半。

　　有各种各样不同的因素都会影响葡萄酒的味道，从葡萄园地下 15 英尺的地方曾经发生过什么，到葡萄酒装瓶时酒窖的门是否敞开着。然而，最重要、也是最容易辨别的因素，还是一瓶葡萄酒中最主要的葡萄品种 (grape variety)。正因为如此，也因为当今世界各地许多葡萄酒的酒标上都写明葡萄品种，比如赤霞珠、美乐 (Merlot)、品诺 (Pinot)、霞多丽、雷司令 (Riesling) 等等，所以本书的主要篇幅用来分别讲解每一个常见的葡萄品种。

　　刚开始时只是尝试建立起每一个葡萄品种在感官上的特征。比如，新西兰马尔堡 (Marlborough) 产的长相思和法国的桑赛尔 (Sancerre) 都是用同一品种酿制的葡萄酒，波尔多的干白葡萄酒和加利福尼亚的白芙美 (Fumé Blanc) 也是。品尝它们会帮助你建立你自己对长相思葡萄品质的"味觉印象" (palate picture)。不过，一组越来越复杂和相互有关联的因素会串连起每个章节的内容讲解给你。例如，在你熟悉了长相思是怎样的味道以后，我会鼓励你去品尝产自不同气候的长相思，这样你就可以领会有 50% 甚至更多阳光的葡萄酒会是什么味道。

首先，我们考虑那些用来做白葡萄酒的葡萄品种，然后是那些做红葡萄酒的，接着是品尝起泡酒(sparkling wine)以及像雪莉酒(Sherry)和波特酒(Port)这样的高度酒或是加烈酒(fortified wine)。这本指南的最后部分会有关于为何某些美食和葡萄酒无法搭配的一些说明（然而绝不会有告诉你必须做什么这样的教条），还有一些更高级的品酒练习的建议，最后还附有一个品酒所常用的行话词汇表。

如何使用这本指南

如果你想用本书所提供的最快而且最系统化的方式来学习葡萄酒，那么请尽量依照书中建议的顺序去练习，因为这是通过一个合理和正确的路线来增加你的品酒知识。当然，也不存在任何需要我来主宰你的品酒习惯的理由。你也可以很容易地让你正在品尝的那瓶酒来决定你学习这本书的顺序。

当然，分别用来讲解白葡萄酒和红葡萄酒的第三章和第四章你可以一起来学习。不过我还是建议，即使是那些最不经意的葡萄酒学徒，也应该先学习前面两章关于"学会品尝"和"实用知识"的内容。

你可以从一瓶葡萄酒中学到很多东西，但是正如你将会从本书中所了解到的那样，如果同时品尝两瓶葡萄酒，并且比较它们，那么你至少可以学到超过5倍的知识。这意味着，通过和其他对葡萄酒感兴趣的人一起学习，或者学会如何妥善处理喝剩下的葡萄酒，或者显著地增加你在葡萄酒上的消费，你就可以加速学习这个课程的进展。你、你的肝、还有你的银行存款，将决定后两种可能性中哪个对你自己更适合。但是，如果你选择了与同伴一起学习的方式，请记住：一瓶750毫升的葡萄酒可以提供6杯满酒供人享受，也可以提供最多20个样品来品尝。

在每个实践练习中，都会提供一些适用于这个章节品尝用的葡萄酒，这些酒不仅会对你有帮助，而且都不难找到。它们当中许多都是在市场上非常容易找到，而且如果可能的话，价格都不会太贵。然而，我还是不得不承认，在某些情况下，你预期在每瓶葡萄酒上花的钱越少，你的学习速度就会越慢。比如与最便宜的加州霞多丽相比，一瓶比它贵4到5倍的葡萄酒，肯定能将加州以及霞多丽的品质特征表现得更加完美。

如果你真的迷恋上了葡萄酒，你也许会需要尝试一些难度更高的练习。如果你是在用你的热忱、你的嘴巴和至少你大脑的一小部分来完成这些练习，你将会成为一个见识广博的品酒家。

你也可以成为一个出色的品酒家

　　不管现在你对葡萄酒的了解有多少，你都可以通过这个课程学会如何品酒。这本书就是为每一个完全是初学者的朋友而设计的，甚至那些从来没碰过葡萄酒的人也可以。在编写这本书的过程中我自己也学到不少东西，所以我希望那些和葡萄酒接触过很多年的朋友，也可以从这本书中学到一些知识，尤其是从第一章和第二章中。那些刚刚接触到葡萄酒的人应该感到特别自信，因为你们在这个初学阶段总是最敏感的。

　　一个普通的成年人可以察觉到超过 1000 种的不同气味，其中有很多都可以在葡萄酒中找到。你的品尝机能已经有了先进的装备，完全可以和这些生疏的东西打交道。没有天生的品酒家。你所需要的只不过是这本课程提供的一些指导，还有一些信心而已。只有一小部分因为生理上的某种缺陷而引起味觉能力削弱的人才会发现品酒很困难；况且在"盲品"（也就是在只有酒、而没有任何其他线索的情况下来区分葡萄酒的品酒）中，新手往往会更加出色，因为他们的直觉不会被以前的经验所迷惑。

　　这个课程应该可以将你变成一个娴熟的盲品家，也就是除了品尝到的味道，可以不用其他任何线索就可以识别葡萄酒的人。但是，有一点也许更重要，那就是本书还可以教会你如何评估一瓶酒的质量，并且学会如何从葡萄酒中得到最多的享受。

　　不要理会那些自称是"鉴赏家"的人给你的建议，品尝葡萄酒没有绝对的错或者对。从本质上来说，品酒是一件十分主观的事情。有一些葡萄酒，从客观的角度来说会有工艺上的缺陷，但有些爱好者可能会很喜欢这个"缺陷"。也有一些很有名的葡萄酒，它们有无数的崇拜者，因此价格也十分昂贵（价格也许是葡萄酒世界最数字化的衡量指标），但这些酒不可能对所有的爱好者都那么有吸引力。绝对不要觉得你"应该"去喜欢或者讨厌一瓶葡萄酒。无论什么葡萄酒，最重要的就是你很享受它。而这本书的目的就是帮助你学会如何更加享受葡萄酒。

第一章　学会品尝

品尝，我们所知甚少

吃喝这件事情，我们天天都在做，因此很难让人理解，为什么我们对它真正的了解却是那么少。当食物和饮品进入我们的消化系统以后，有很多事情可以出错，但医生们会可以告诉你到底发生了什么。而在这之前，人们对自己品尝过程的了解却是少得惊人，即使从理论上来说，我们对待品尝过程应该比对待消化过程更加关心才对。

只有相对较少的医疗研究者会认为仔细调查我们如何品尝是件必要的事情，因为一个失灵的味觉系统不会理所当然地被认为是很严重的疾病，虽然这样的事情会让我发疯。如果专业人士对味觉系统如何担当它在头脑和身体之间的复杂角色尚且都所知甚少的话，那么我们这些平凡的饮食男女对如何从品尝体验中得到更多享受自然就了解得更少了。即使是那些声称很会享受美食与美酒的人，对他们自己为什么以及如何去享受也一点主意都没有。无论你是否喜欢巧克力蛋糕、烟熏三文鱼或者美乐(Merlot)品种的葡萄酒，你的享受方法大概基本上就是在最快的时间里尽量填满你的消化系统，因此也会通过你的味觉系统。你很难意识到通过咀嚼食品可以延长享受美味的时间，这就是为什么专业人士在品尝葡萄酒的时候，会有一些看似不雅观的漱口般的行为。但对我们当中大多数人来说，这些就是我们对吃喝这件每天都做的事情的全部认识。

我们也许对吃喝不是很了解，但我们中的许多人都可以很自豪地说出自己最喜欢吃的东西是什么。我们是否真的知道？我们觉得我们可以辨别出食物和饮品的味道，并且鉴赏它们，但经验告诉大家，当人只有味觉的帮助，而没有其他任何线索的时候，我们会变得很无助。通过认真分析我们怎样品尝，这本品酒指南可以帮助读者更好地赏识葡萄酒，同时也包括任何食品，因为我们几乎用同样的方式去品尝固体和液体；事实上，从生理学角度讲，在我们通过咀嚼使固体变成液体之前，我们是无法品尝到它们的味道的。科学实验证明，我们根本不可能品尝出完全干燥的食品的味道，如果口腔内没有唾液的话，我们甚至不可能感觉到糖是甜的。

你需要一个非常合作的伙伴：一个也依照课程顺序来学习、在你完成练习后轮到他练习的人，或者一个深爱你、准备好纵容你的最新痴迷的人。

本书中所有的练习都能够在家中完成，而且大部分都可以在餐桌边进行。

熟悉的美食

把你自己的眼睛蒙起来，让别人给你尝一种你喜欢的食物，再加上一个味道相似、但又稍微不同的食物，看看你是不是能够不借助视觉的线索区分开它们。比如说，巧克力蛋糕和原味蛋糕；烟熏三文鱼和烟熏鲭鱼。当然，它们要有相同的制作方式：如果巧克力有黄油糖衣，那么原味蛋糕也应该有；烟熏鲭鱼也应该切成像烟熏三文鱼一样的薄片。

红葡萄酒与白葡萄酒

如果你觉得刚才那个练习很简单的话，那你现在也许会认为下面这个练习简直是小儿科。但是你可能会吃惊地发现，如果你的眼睛还是被蒙住，而且提供的葡萄酒的温度是一样的话，实际上你是很难区别出红葡萄酒和白葡萄酒的。顺便说一下，用黑色的杯子和把眼睛蒙起来有同样的效果，而且也不会那么惹眼。

问题就在于葡萄酒的酒体。尝上去像红葡萄酒的白葡萄酒都是口感饱满的干白。勃艮第白葡萄酒（White Burgundy）、霞多丽、赛美蓉（Sémillon）和一些传统风格的里奥哈白葡萄酒（White Rioja）都是一些明显的例子。尝上去像白葡萄酒的红葡萄酒都有很高的酸度，而且口感不是很重。黑品诺（Pinot Noir，也叫黑品乐）和博若莱（Beaujolais）是很不错的例子，还有很多意大利东北部的红葡萄酒，比如瓦尔普利切拉（Valpolicella）和法国北部卢瓦尔河谷（Loire Valley）的红葡萄酒，比如希农（Chinon）和布尔格伊（Bourgueil）。

如果你想把事情变得简单一些，可以试着品尝一款出产自摩泽尔河（Mosel）的这种轻柔的、有点甜味的白葡萄酒，和一款来自阿根廷、巴罗萨山谷（Barossa Valley）或者教皇新堡（Châteauneuf-du-Pape）的酒体丰满、酸度不高的红葡萄酒的区别。即便是这样，你也会惊奇地发现，在做出决定之前，你会变得非常犹豫。如果只用最常见和最便宜的白葡萄酒和红葡萄酒做实验的话，比如你家附近某个餐厅的店酒（House Wine），那你可能真的会需要更努力地去思考了。

鼻子的重要性

　　我们通常都认为食品和饮品都有可以用眼睛记录的"样子",可以用鼻子闻到的"气味",和可以用嘴巴尝到的"味道"。事实上,后两者之间的差别是很模糊的。

　　如果你得了感冒,鼻子不通气的话,想象一下你吃的所有东西都将变得多么无味。当你闻到从烤箱里飘出来的香味,你难道不是已经好像知道它吃在嘴里的味道是什么样了吗?如果你要确定是否会喜欢某个人为你做的汤,你都会先去闻一下。

　　我们所说的某种东西的"味道"(taste),其实是它通过我们的鼻子和口腔后留在头脑里的合成印象。但是,正如刚才我所说的,我们的鼻子其实比口腔更敏感。如果没有嗅觉的话,我们将不能享受美食,也不能很容易地说出它们之间的区别。我们通常将味道和嘴巴联系起来,但"味道"是个比"香气"(flavor)更容易令人误解的词汇。

　　食物和饮品有两种信息能够传送到我们的大脑里:一种是实实在在的,也就是当固体或者液体与我们的口腔内部和舌头接触时所带来的感觉;另一种是被蒸发的,也就是那些食物或者饮品所散发出的气味,这通常是看不见的。当你有意识地去闻某种东西,无论是葡萄酒、食品或者香波,这些气味会穿过我们的鼻子达到鼻腔上方的嗅觉感受神经。当我们咀嚼相同东西的时候,它所散发出的气味会经过我们口腔后部,然后向上传送到相同的嗅觉感受神经,这叫做鼻后嗅觉通道。所以,我们概念中的所谓"品尝"(tasting),其实也包括了很多无意识的"嗅觉"(smelling),并且我们所说的某种东西的"味道",则不可避免地包括了一些"气味"(smell)。

　　因为我们无法关闭鼻后嗅觉通道,因此我们很难做到完全控制的实验,但基本可以肯定的是,与固体和液体相比,气体能够传达更加微妙的信息。这是因为与对固体和液体的感觉系统相比,也就是舌头和口腔内部,我们对气味的感觉系统能够察觉到更精细的差别。如果切断我们的嗅觉功能,而只是通过咀嚼某种食物来品尝它的话,我们所能感受到的味道比仅仅去闻这个食物,甚至根本没有把它放到嘴里所能感觉到的还要简单得多。当然,前提条件是这个食物能够散发出某种气味。

　　不同物质所能够散发出的气味的浓度也大不相同。如果它们具有很强的挥发性，并且不停地向周围空气中散发出很多不同的香味，那么去闻它们将会是个很有趣、而且也很有用的经验。葡萄酒的挥发性是非常强烈的，比它在《圣经》中的搭档，也就是面包，要强烈得多。你从一杯葡萄酒中闻到的气味自然会比一片面包要多得多。不过刚从烤箱里出来的新鲜面包气味还是很浓的，这是因为热能够促使所有的香气成分汽化。想象一下，汤在热的时候比变冷后的香味要浓厚得多。一碗冷汤挥发性不强，因此也提不起你的胃口；相反，一碗飘香的热汤是多么地吸引人，这是因为香气把那些迷人的信息带到了你的嗅觉感受神经上。通过鼻腔传到大脑的信息不一定会比口腔传递的信息更强劲，但确实是更微妙。葡萄酒是我们能够品尝到的最微妙的物质之一，而且它有着与生俱来的挥发性，不需要被加热就可以散发出很多香气。因此，每次饮用葡萄酒的时候，大家都应该先闻一下。

如果仔细去闻你正在喝或者吃的任何食品或者饮料的话，你所享受到的美味会至少多出2倍。

捏住你的鼻子

下次在你吃东西的时候，试着捏住自己的鼻子再吃一大口菜，注意菜肴的味道有多少变化。如果你的嘴巴也是闭着的话，食品被封闭在口腔中，这时只有口腔后部的通道还能正常运作，你会发现食物尝上去会变得更加粗糙。举个例子，在这种情况下，菠萝尝上去会像是个多汁的、酸而甜的东西，但是就不会有鼻子通常能够闻到的那种菠萝特有的香味。一勺汤尝上去则变成有点咸的液体，但香味不可能像用鼻子闻到的那么强烈。

找一个人，不过你要保证他不会笑，让他蒙住你的眼睛，然后用某种东西夹住你的鼻子，手指头、衣服夹子、纸夹子或者游泳运动员用的鼻夹都可以。选三个"质感"相似、但有不同味道的食物，比如说切碎的苹果、土豆和胡萝卜，看看你每个都吃过以后是否能够说出它们是什么。如果你失败了，试着加一些质感区别更明显的食物来增强你的信心，比如说切碎的洋葱。如果即使这样你也没能尝出来的话，那也不要绝望；生理学家以前在做这个试验的时候也难倒过许多人。

品尝气体

在做上面所说的两个实验期间，如果不涉及食物口尝吞咽，请尽量把嘴巴闭上。因为如果你在咀嚼食物的时候会吸入空气，食品的气味就会沿着鼻后嗅觉通道传到嗅觉感应神经上，这样提供给你的线索其实就和直接用鼻子去闻没有什么区别了。也请注意，在你咀嚼的时候，你是把食物嚼碎，并将它们移向口腔的后部。在你的鼻孔没有被堵住的情况下，气体其实是从这里被你"吸"到上面嗅觉神经的。

口腔内部

普通的砂糖是不具有挥发性的。闻一下糖罐，你最多只会闻到一种"平坦"的气味，而且其实这也几乎只是你的个人想象而已。基本上来说，糖是没有气味的。它在嗅觉上没有轻易就可辨别出的印象，但如果吃了一勺糖的话，它在你的舌头和口腔内部会有非常明显的反应。这是种很强烈的感觉，没有任何微妙的气味，只有你印象中的那种"甜味"全面覆盖住舌头的感受，而且在舌头的尖端感觉尤其明显，还有砂糖那种粗糙和粒状的质感在你口腔中的摩擦感。通过这个很好的例子，我们可以知道食物或者饮品能够在我们口腔内部留下两种印象：分别是"味道"和"质感"。我们会在后面章节里继续讨论质感。

将葡萄酒加热能够使其散发出更多的香气。

在本章后面会有更详细的解释是关于"闻酒"这个至关重要的事情，重要到它被授予了一个高贵的头衔——"闻香"（nosing），但是先研究一下我们从嘴巴中能够得到多少信息也是很有用的。前面那个关于砂糖的练习已经给我们证明，人们能够从舌头上得到非常强烈的感觉。几乎所有我们称作味蕾的东西都坐落在舌头上，普通人舌头上味蕾的数量可以是500到10000个不等，它们中的每一个都能够感觉到某种味道。生理学家已经确认人类至少有四种味觉：甜味、酸味、咸味和苦味，还有一些仍在辩论中，包括油味、碱味、脂肪味、金属味和一种叫做"鲜味"（umami）的味道，其中味精是"鲜味"最具代表性的例子。前四种味觉组成了一个很有用的系统，而且舌头上不同的区域应该对某一个味觉会尤其敏感。当然，不同的人会有不同的敏感度，你也可以精确地找到自己舌头的哪一部分对某个味道最敏感。所以，无论是吃什么东西，尽量多用你的舌头去品尝是很重要的。一言以蔽之：要好好地吃上一大口。

葡萄酒中的甜味

通常来讲，舌头尖端是那些对甜味最为敏感的味蕾集中的地方。也许这就是为什么我们只需要舔一小口冰激凌就可以知道它有多么甜，或者为什么用舌尖舔一下巧克力会比舔一下奶酪有更多感觉的原因了。

当酵母在成熟葡萄的糖分上发生反应，并将它们中的一些或者几乎全部都转化成酒精的时候，葡萄汁就变成葡萄酒了。这是个复杂的化学过程，我们这些平常人大多都不会了解。产生的液体因此也比葡萄汁更干，酒精含量也更高，但留在酿成的葡萄酒中的糖分含量，也就是残糖 (residual sugar)，会有很大的不同。因此，葡萄酒可以分成特干、干、半干、半甜、甜和超甜等；有些葡萄酒尝上去没有任何甜味，我们通常称它们为"超干"，但即使是这些酒，也会有极少量的残糖。糖分含量可以从每升1克到超过200克，干葡萄酒的含量通常少于10克，有时甚至只有2克。大部分非常廉价的葡萄酒，还有很多十分畅销的葡萄酒，都含有相当多的残糖，因为甜味可以遮掩葡萄酒的许多缺点，也因为甜味是一种很容易入口的味道。

然而近几年来，普通消费者的口味被导向喜欢口味干一些的葡萄酒。不过现在也有一些像我这样逆反潮流的人，我们会给像产自德国和法国苏玳 (Sauternes) 的这些甜白葡萄酒多造一点声势，因为按照常理它们应该更广泛地被消费者所接受和欣赏。

品尝甜味

用砂糖做尝试，看看你舌头的哪一部分能够最敏感地体验到甜味。以后每当你喝饮品的时候，试着通过它在你舌头上的感觉来评估它的甜味。现在用同样的步骤来品尝你能喝到的每一瓶葡萄酒，在脑海中有意识地记下每种葡萄酒的甜度。请再次记住，实际上你是不可能闻到糖的甜味的。虽然有各种各样的气味都与甜味有关，比如成熟的水果味和香草味，但只用鼻子闻是绝对不可能测量出它们的甜味程度的。

白葡萄酒中的甜味程度

超干 (bone dry)

密斯卡黛 (Muscadet)；卢瓦尔河谷以长相思品种为主的葡萄酒，如桑赛尔 (Sancerre)、普伊—芙美 (Pouilly-Fumé) 和图兰长相思 (Sauvignon de Touraine)；大部分的香槟和其他酒标上写着"brut"的起泡酒；来自法国北部货真价实的夏布利 (Chablis)；酒杯上有"干" (trocken) 字样的德国葡萄酒。

干 (dry)

最大的一类，虽然其中也有不同，便宜点的那些会趋向于半干。大部分的霞多丽、长相思、赛美蓉、维尔德罗 (Verdelho) 和鸽笼白 (Colombard)；勃艮第白葡萄酒；卢瓦尔河谷以白诗南 (Chenin Blanc) 为主的酒标上有"干" (sec) 的葡萄酒，比如武弗瑞 (Vouvray) 和索谬尔 (Saumur)；隆河谷 (Rhône) 和普罗旺斯的白葡萄酒，比如白埃米塔吉 (Hermitage Blanc) 或者白教皇新堡；大部分酒杯上写着"干"的波尔多白葡萄酒；大部分"地区餐酒" (Vin de Pays) 中的白葡萄酒；意大利的索阿维 (Soave)、维第奇诺 (Verdicchio)、灰品诺 (Pinot Grigio)、白品诺 (Pinot Blanco) 和大部分"普通餐酒" (vino da tavola)；里奥哈白葡萄酒；德国的"半干" (halbtrocken) 葡萄酒和口感最轻的一些"珍藏" (Kabinett) 葡萄酒；菲诺 (Fino) 和芒扎涅雅 (Manzanilla) 雪莉酒。

半干 (medium dry)

雷司令、维欧尼 (Viognier)、琼瑶浆 (Gewürztraminer)、白诗南、灰品诺；大部分酒标上有"半干" (demi sec) 的法国葡萄酒，尤其是武弗瑞和莱昂坡 (Coteaux du Layon)；大部分阿尔萨斯 (Alsace) 葡萄酒；弗拉斯卡提 (Frascati)；大部分德国出口的葡萄酒，尤其是还有那些酒标上写着"珍藏"、"晚收" (Spätlese) 或者"半干" (Halbtrocken) 的葡萄酒；干阿蒙提拉多 (Dry Amontillado) 或者干奥罗洛索 (Dry Oloroso) 雪莉酒；白波特酒 (white port)。

半甜 (medium sweet)

大部分酒标上有"晚收" (Late Harvest) 的葡萄酒；大部分酒标上有"半甜" (moelleux) 的法国葡萄酒；来自阿尔萨斯的"晚收"葡萄酒；阿斯蒂 (Asti) 和大部分莫斯卡托 (Moscato)；塞图巴尔蜜丝嘉 (Moscatel de Setúbal)；匈牙利的托卡伊 (Tokay)；德国的"精选" (Auslese) 和摩泽尔河 (Mosel) 的"颗粒精选" (Beerenauslese)；大部分白仙芬黛 (white Zinfandel) 和其他一些桃红葡萄酒 (blush wine)；批量生产的阿蒙提拉多雪莉酒；大部分马德拉酒 (Madeira)。

甜 (sweet)

大部分酒标上有"贵腐" (Botrytized) 或者"特级晚收" (Selected Late Harvest) 的葡萄酒；苏玳 (Sauternes)、巴萨克 (Barsac)、蒙巴济亚克 (Monbazillac)、索西涅克 (Saussignac)、圣克鲁瓦蒙 (Ste Croix du Mont)；法国的麝香天然甜葡萄酒 (Muscat Vin Doux Naturels)；德国的"干浆果颗粒精选" (Trockenbeerenauslese)；大部分蕊恰朵 (Recioto) 和帕西朵 (Passito)；托斯卡纳圣酒 (Vin Santo)；加利福尼亚麝香加烈酒；批量生产的奥罗洛索雪莉酒；玛尔姆赛 (Malmsey) 马德拉酒。

超甜 (very sweet)

西班牙的蜜丝嘉 (Moscatel, 麝香葡萄在西班牙语中的别名)；澳大利亚的麝香利口酒 (Liqueur Muscat) 和托卡伊利口酒 (Liqueur Tokay)；奶油雪莉酒 (Cream) 和佩德罗·希梅内斯 (Pedro Ximénez)；其余的加烈酒。

甜红葡萄酒

我们通常认为只有白葡萄酒会有不同程度的甜味。其实桃红葡萄酒（Rosé Wine）也是这样，产自普罗旺斯的桃红葡萄酒通常都比较干，而马图斯桃红（Mateus Rosé）则是半干或者半甜葡萄酒的例子。然而，研究不同甜味程度的红葡萄酒也许对你会更有启示。波特酒是超甜红葡萄酒最好的例子，但这是一种通过加入额外酒精的加烈葡萄酒（第五章会专门有加烈葡萄酒的内容）。

品尝一下列在下面的这些红葡萄酒，

看看酒的甜度会有多少差异。

不过无可否认，

大多数红葡萄酒都可以被形容成"干的"。

红葡萄酒中的甜味程度

超干（bone dry）

卢瓦尔河谷的红葡萄酒，比如布尔格伊（Bourgueil）、希农（Chinon）和红索谬尔（Saumur Rouge）；标准的梅多克（Médoc）和佩萨克—雷奥良（Pessac-Léognan）；埃米塔吉（Hermitage）；意大利最优质的红葡萄酒，比如巴罗洛（Barolo）、巴巴列斯科（Barbaresco）、蒙塔奇诺—布鲁奈罗（Brunello di Montalcino）和经典基昂第（Chianti Classico）。

干（dry）

大约85%的所有红葡萄酒。

半干（medium dry）

大部分美乐和黑品诺的单一品种葡萄酒；一些加利福尼亚的赤霞珠，许多仙芬黛；教皇新堡；朗布拉斯寇（Lambrusco）；弗雷伊萨（Freisa）；大部分德国红葡萄酒；澳大利亚席拉子（Shiraz）；南非口感丰满的红葡萄酒；最廉价的批量生产的红葡萄酒。

半甜（medium sweet）

桑格利亚（Sangria）；席拉子起泡酒（Sparkling Shiraz）；瓦尔普利切拉—蕊恰朵（Recioto della Valpolicella）；大部分布拉切托（Brachetto）；加州晚收的仙芬黛（Zinfandel）。

酸度：必不可少的生机

对葡萄酒初学者来说，甜味（或者没有甜味，干度[dryness]）可能是四种基本味觉中最明显的；但对葡萄酒本身来说，被生理学家称为酸味的东西却是最重要的。

酸味是对酸性的衡量，柠檬汁和醋里面含有许多酸，而面粉和水中却很少，或者一点都没有。舌头上部的边缘部分是对酸味最敏感的部位，对我来说则是靠近口腔后部的地方。

如果食品的酸性过高，那它尝上去自然就会很酸；而酸度刚刚好的话，那就可以使它更有生气，让它有种吸引人的"活力"，或者说是种清爽的酸味。甜味和酸味是相互紧密联系在一起的。比如说一个过熟的梨子不仅令人乏味，而且不会提起你的胃口，因为它的酸度比在最佳时期摘下来的梨子少了很多。

对用于酿造葡萄酒的葡萄来说，甜味和酸度之间恰到好处的平衡是至关重要的。酿酒师都会都会希望他的葡萄能够尽可能地成熟，这主要有两个原因：第一，葡萄留在藤上的时间越长，它们就会有越久的时间来演化出更有意思的味道；第二，葡萄汁越甜，酿成的葡萄酒也会越甜，并且（或者）酒精度也会越高。对远离赤道的葡萄酒产区来说，酒精度是个非常让人牵挂的问题。另一方面，酿酒师也必须不能让葡萄过久地留在藤上，这样酸度会变得过低，葡萄酒尝上去就会非常乏味，并且长时间的挂藤也会导致葡萄被雨水、冰雹或者霜冻损害。而且为了使白葡萄酒有更长的寿命，酸度也起到了防腐的作用。

葡萄酒中有许多不同的酸，最常见的是酒石酸；实际上，从长久使用过的葡萄酒木桶内部刮下来的东西就是我们平时买的塔塔粉的主要成分。对于葡萄酒初学者来说，你没有必要担心你是否可以分辨出像葡萄糖酸和乙醇酸这些酸的区别；你只需要关心你对酸度的感觉大概是什么程度。葡萄酒酸度高也许会有几个原因：酿酒用的葡萄生长在那些阳光不够充足的地方，因为离赤道的距离过远，或者葡萄园的海拔很高；葡萄没有完全成熟就被采摘下来；那个年份没有足够的阳光使葡萄完全成熟；或者酸被刻意加入到葡萄酒中或者正在发酵的葡萄汁中。在那些气候相对较热的葡萄酒产区，最后一条是一种很常见的举动，如果操作仔细，品尝者是无法觉察到的，而且这样做通常可以获得更令人满意的效果。

纯酸

闻一下酸度很高的东西，任何种类的醋都行，不过柠檬汁的挥发性不是那么强。是不是感觉到你的舌头边缘已经卷了起来？用这种方法来预计一下它在你嘴里会是什么味道？舌头对酸味尤其敏感，在不借助任何液体或固体刺激物的情况下，酸味是四种基本味觉中最容易想象的一个。如果你一定要自己证明这个事实，试着喝一小口柠檬汁或者醋。无论是想象、闻或者尝，都请注意你舌头的哪一部分对酸味的反应最为强烈。

酸度和甜味

从现在开始，喝任何东西之前都先闻一下，不管它是不是酒。注意：大多数的饮品中实际上都有某些清爽提神的酸度。白开水不会让你的舌头起皱，因为它基本是酸和碱的分界线；但所有的果汁、碳酸饮料、牛奶，甚至茶和咖啡都会对舌头有某种刺激的感觉。也请注意酸度是水果中多么重要的一个成分；柠檬、柚子、醋栗和黑醋栗都是水果中一些天然酸度含量很高的常见例子，大多数人在吃它们之前都会加一点额外的糖分。比较一下成熟得快的一些水果中的不同味道，比如说梨子或者西红柿，当它们失去自身酸度后，它们尝上去就会变得非常乏味。从现在开始，在你品酒的时候开始记录酸味的程度。

如果你家有塔塔粉，将它们溶在水中，尝试加不同的剂量到一瓶便宜的葡萄酒里面，可以是一瓶从加利福尼亚州进口的非常普通的白葡萄酒，——老天会原谅你这种"亵渎"葡萄酒的举动的。你也许甚至可以"改良"这些葡萄酒，让它们有更可口的酸度。

酸味测试

为了对葡萄酒中各种酸有个大致的概念，你可以自己熟悉一下以下的这些东西：

酒石酸——塔塔粉的溶液

苹果酸——苹果汁

柠檬酸——柠檬、柚子或者橙汁

乳　酸——牛奶或者酸奶

醋　酸——醋

碳　酸——碳酸饮料

平衡甜味和酸度

成熟葡萄中糖分和酸度微妙的平衡会在其酿成的葡萄酒中反应出来。葡萄酒越甜，就需要更多的酸度，这样酒尝上去才不会腻味。一瓶拙劣的和一瓶美妙的苏玳之间最明显的区别就是它们的酸度含量是否能够平衡酒中的那些糖分。

从另一个角度来说，很干的葡萄酒就不需要那么多的酸度来让它变得清爽和开胃。如果一瓶超干葡萄酒的酸度含量像苏玳那么高，那么它会酸到让你的嘴巴都皱起来。葡萄酒中的酸度含量通常是每公升有3到9克的酒石酸。

使糖分和酸度达到恰当的平衡是酿酒过程中十分重要的一部分。酸度过高的葡萄酒通常被形容为"青绿的"。当然，"青绿"这个词并没有宗教或者工艺上的含义；它只不过是个常用的描述葡萄酒过酸的形容词。"辛酸"是另一个用来形容这个现象的词汇，不过在白葡萄酒上比红葡萄酒要使用的更多。含有明显、但又不是过高的酸度是白葡萄酒应有的质量标准之一，因为我们希望白葡萄酒能给我们新鲜清爽的感觉，而大多数的红葡萄酒通常则需要有更多的丰富感和一点神秘感。那些酸味显著、但又不会过高的白葡萄酒常常被形容为"清爽的"。无论是白葡萄酒还是红葡萄酒，如果酸度太低的话，都会被形容为很"松弛"，这是那些让品酒家有坏名声的词汇之一。没错，"松弛"听上去的确是有点可笑。如果你受不了这个词的话，也可以用"乏味"来代替它。一瓶乏味或者松弛的葡萄酒不会那么有趣，因为它们缺乏充足的酸度，给人一种毫无生机的感觉。"腻味"则是指那些非常甜、却没有足够的酸度来平衡甜味的葡萄酒。

混淆酸度和干度之间的区别是件极其容易的事情。许多人会觉得某些葡萄酒非常干，因为品尝它们好像不是件容易的事情，但实际上只可能是因为这些酒的酸度过高。少许的甜味可以有效地遮掩平庸的酿酒水平，因此那些廉价"干"白葡萄酒的酿酒师有个最喜欢的招数，那就是在原本半干的酒中添加大量的酸，从而让消费者"满意"。而在那些葡萄酒中天然酸度含量很高的产区，酿酒师为了酿造出平衡和谐的葡萄酒，会在葡萄酒中加一些还未发酵的葡萄汁，使它变甜一点，从而抵消酸度。

请勿抱有"反对甜酒"的偏见!

完美的平衡

　　用一瓶出色的苏玳款待一下自己,那些酒标上写有"列级庄园"(Cru Classé)的都可以,通常都是半瓶装的。优质的苏玳会有非常高的酸度,能够完美地平衡其极高的糖分含量,所以它喝上去会非常开胃,一点都没有腻味的感觉。你可以给它配上一份不会太甜的甜点,或者奶酪,当然也可以单独享受它。用它和一瓶非常廉价的波尔多甜酒或者蒙巴济亚克(Monbazillac)进行比较。注意便宜的酒是否口感非常无力,而且毫无爽口的感觉,这就是因为它们没有足够的酸度。

　　品尝一瓶酒标上写有"干"(sec)的卢瓦尔河谷白葡萄酒。注意它尝上去是多么酸,这是因为它位于北部产区,酸度含量天然就高,而且没有任何明显的甜味来平衡它。

　　再尝试一瓶便宜的加斯康地区餐酒(Vin de Pays des Côtes de Gascogne)的白葡萄酒。它的酸度含量之高也十分明显,但仔细感觉一下有多少糖分被留在酒里,从而用来平衡酸度。

　　从现在开始,每次品酒的时候,试着记录下酸性程度。下面列出了葡萄酒不同酸度的一些例子。

THEORY

酸性程度

青绿的或者辛酸的（green or tart）

　　产自卢瓦尔河谷的南特区大普朗(Gros Plant Nantais)；香槟坡(Coteaux Champagne)，也就是香槟产区的静态酒 (Still wine)，我一直觉得这些酒完美地解释了香槟为什么要有气泡；许多产自英格兰的葡萄酒；卢森堡的葡萄酒；许多1996年份的勃艮第（白的和红的都是）；葡萄牙的绿酒 (Vinho Verde)。

清爽的（crisp）

　　大多数的新西兰葡萄酒；几乎所有卢瓦尔河谷的葡萄酒，而且不管它们有多么甜；摩泽尔河的葡萄酒；夏布利和很多其他勃艮第白葡萄酒；许多来自较温暖产区、精心酿制的优质白葡萄酒。

松弛的或者乏味的（flabby or flat）

　　这一类很难概括，因为很大程度上取决于酿酒师的技巧。但通常产自南隆河谷 (Southern Rhône)、北非和其他地中海沿岸的葡萄酒会比较松弛，包括非常传统的西班牙葡萄酒，比如蒙纳斯特雷尔 (Monastrell) 品种，就是法国的慕尔韦度 (Mourvèdre)。你对这些酒的总体印象也许会有那么一点点单调的感觉，希望它们能有更清爽的口感，如果多有一些酸度就更好了。

腻味或者过甜（cloying or too sweet）

　　所有廉价的、非常甜的葡萄酒，比如波尔多甜白葡萄酒、廉价的苏玳、巴萨克 (Barsac) 和那些批量生产的大众品牌里最甜的葡萄酒。再品尝一下这些大众品牌中所谓的"干白葡萄酒"，也许是你家附近普通餐厅里的一杯干白葡萄酒，仔细体会你的舌头会有什么反应，看看你是否能从酸度里感觉到甜味。

勃艮第的白葡萄酒都是霞多丽，而且几乎总是干的。

其他基本味觉

咸味

在食品中咸味是至关重要的基本味觉，但葡萄酒中却很少有这个味道。所有干雪莉酒 (Dry Sherry) 都可能会稍微有些咸味，在品尝智利红葡萄酒、新西兰白葡萄酒以及许多来自北隆河谷 (Northern Rhône) 的席拉 (Syrah) 的时候，比如埃米塔吉 (Hermitage) 和克罗兹-埃米塔吉 (Crozes-Hermitage)，我有时也会感觉到有那么一点点咸味，但这种很难察觉到的咸味在葡萄酒世界里是很罕见的。在这里写到如何品尝咸味，更多是为了介绍基本味觉的完整性，而不是品酒方面的用处。

在水中溶解一些盐，做一个咸味的溶液，然后用它在口腔里漱漱口，注意舌头的哪些部位反应最为强烈。就我个人来说，是舌头后部对酸度极敏感的边缘里面一些的地方，舌头前部边缘的一些部分也是。如果你今后要品鉴一些美味佳肴的调味，千万别忘了让你舌头的这些部分都能接触到菜肴。

下次你闻或者品尝菲诺雪莉酒 (Fino Sherry) 或者芒扎涅雅雪莉酒 (Manzanilla Sherry) 的时候，注意你舌头对咸味最敏感的部分对它们的味道有什么样的反应。这些都是非常干、口感较轻的雪莉酒，缇欧·培培 (Tio Pepe) 和拉·依娜 (La Ina) 都是不错的例子。

所有的雪莉酒都是在古老的橡木桶中陈年的。

苦味

苦味是第四种、也是最后一种舌头能够感觉到的基本味觉，舌头后部平坦的那部分对苦味尤其敏感。和咸味一样，苦味对品酒者来说远没有甜味和酸味那么重要，但不少意大利红葡萄酒会让你的舌头后部有苦味的感觉。苦味常常会和丹宁混淆起来，但你会发现口腔对丹宁有感觉的部分是非常不同的。

为了体验苦味，你可以试着把一些苦味酒 (bitter) 和水混合起来，比如菲奈特·布兰卡 (Fernet Branca)、安德堡 (Underberg)、安格斯图拉 (Angostura) 或者苏兹 (Suze)，然后在嘴里嗽一下。你会发觉舌头后部有平坦和粗铿的感觉。金巴利 (Campari) 是另一种非常苦的酒，但同时它也很甜，因此品尝它会是个很有趣的练习。加一片橘子或者柠檬 (柠檬酸)，或者一点苏打水 (碳酸)，这些酸度能使它变成一种非常清爽提神的饮品。意大利人无疑对苦味情有独钟，他们很喜爱被形容为 "amari" (意大利语中的苦味) 的饮品。评估一下你品尝过的每瓶意大利酒中的苦味。不少基昂第 (Chianti)、一些最有声誉的蒙塔奇诺—布鲁奈罗 (Brunello di Montalcino)、以及蒙特普奇阿诺圣酒 (Vino Nobile di Montepulciano)、巴罗洛 (Barolo) 和巴巴列斯科 (Barbaresco) 等，都有某种程度的苦味，许多口感相对较轻和果味较为丰富的瓦尔普利切拉 (Valpolicella) 也是这样。只要不是苦得太过分，苦味就不算是一种失误 (fault)；事实上，一些医学权威都推崇苦味酒，因为它们有帮助消化的功能，同时也有帮助身体应付酒精的效果。

经典基昂第协会 (Chianti Classico Consorzio) 的酒封。

从现在开始，你的舌头已经完全被训练好了，品尝任何酒的时候都应该不成问题，也包括更重要的美食。你应该能够评估任何东西的甜味和酸度，必要的话也可以评估它的咸味和苦味。更让人高兴的是，你现在已经知道自己可以用科学的态度去大口地品尝美酒了，因此你应该让你舌头的每个部分都接触到葡萄酒。

当然，你不可能总是能够仔细地分辨出每一种基本味觉。当你把葡萄酒喝到嘴里的时候，它会在你的感官上留下一个合成的印象，但是，甜味和酸度对酒的总体感觉仍是极其重要的。

更多原始的感觉

从葡萄酒在你舌头上和口腔中留下的那些实实在在的感觉里，你其实可以学到比甜酸苦咸这些简单的味觉更多的一些东西。

丹宁 (tannin) 是许多红葡萄酒中最明显的成分之一，有时它甚至能让你有疼痛的感觉。丹宁是各种不同的丹宁酸和多酚的简略术语，它们是从葡萄仁 (也就是种子)、葡萄皮和葡萄藤茎中渗出来进入到葡萄酒中，也可以是葡萄酒储存在木桶中的结果，或者有时两者都是。

丹宁

在平常的食物和饮品中，丹宁在茶中最容易被觉察到，尤其当茶叶泡了很久、很多丹宁已经从茶叶中被吸取出来的时候。胡桃外面那层薄皮也是个不错的例子。丹宁在嘴里产生的效果也许比我们至今所学到的其他所有味道都更直接。当品尝到很明显的丹宁的时候，口腔内部和牙龈好像是用很不舒服的方式缩皱起来似的，它们确实是像皮革被鞣制的那种感觉。在品尝那些年轻的、但陈年能力很强的优质红葡萄酒的时候，你会觉得是件不容易的事情。

随着年龄而成熟

葡萄酒中包含丹宁不是为了让其现在尝上去就感到好喝，而是希望它们在将来能有美妙的味道。那些能够存放很久的白葡萄酒在年轻时需要很高的酸度，同样道理，对一瓶伟大的红葡萄酒而言，丹宁承担着能够延长它健康寿命的保护剂作用。葡萄酒在年轻时能包含各种各样微小的香气元素，但它需要时间才能把这些香气都融合在一起，从而变成复杂而成熟的葡萄酒。丹宁能够自我分解，并和其他元素结合起来，最终帮助完成这个理想目标。酿酒师的技巧之一就是在酿酒的初期，能够判断出葡萄酒在陈年的过程中需要多少丹宁来平衡其他香气元素。大多数丹宁都是来自葡萄本身。波尔多红葡萄酒和其他以赤霞珠为主的高档葡萄酒都是最合适的实例。在许多出色的年份，这些葡萄酒有能力在"高龄"的时候变得非常庄重和高雅，如果它们在年轻的时候包含有很多丹宁的话，也许它们还能够变得更加神圣。

品尝3岁以下的优质波尔多红葡萄酒，可以说是件难度很高的事情。因为它们的丹宁含量非常高，会让你的口腔立刻有皱起来的感觉，因此也削弱了你的感官品味其他果味的能力。拥有足够经验和忍受力来评估这种酒的人真可谓凤毛麟角。"硬"这个词常常被用来形容丹宁过多的葡萄酒。

赤霞珠的葡萄颗粒很小，因此果皮（也就是丹宁）和果肉的比率总是很高。

新一代红葡萄酒酿造师最专注的目标之一就是在酿酒时让红葡萄酒含有更柔顺、更成熟和更容易被人接受的丹宁，一方面通过推迟丰收葡萄的时间，另一方面则是通过更柔和地处理新生的葡萄酒。加州的酿酒师们对这些工艺早已经非常在行了。

丹宁自身的演变

　　随着葡萄酒的成熟，丹宁会变得越来越不明显，同时口感也会越来越柔顺。以水果味为主的香气最终会演变成微妙且复杂的形式。最理想的情况是，当葡萄酒的香气达到它成熟的顶峰时，丹宁将逐渐变得不再重要。当然，十分可惜的是，只有在顶峰过去之后，大家才最终能够知道什么时候才是享用它的最佳时机。葡萄酒最让人着迷的魅力之一就是它的不可预测性。一个年份最初看上去也许会非常出色，于是酿酒师很乐意让葡萄酒含有很多丹宁，从而可以使它们更长久地陈年，最终可以变成完美的佳酿；然而，这个年份也可能达不到期望值，于是果味在丹宁变淡之前就早已消失了。

　　一些红葡萄酒原本就应该只含有少量的丹宁，但有些葡萄酒则会因为含有丹宁太少而不会那么完美。虽然喝这些酒不会像喝丹宁过多的葡萄酒那样让人不舒服，但它们也浪费了自己的潜力。一瓶葡萄酒在年轻的时候可能会有很多充满生机的浓厚水果香味，给人一种直接而温柔的吸引力；但是如果有更多的丹宁帮助它们存储到中年或老年的话，这些美味也许有能力随着陈年而变得更加华丽。

THEORY

茶和丹宁

将一些茶叶放在水壶里多炖上一会，然后在不加牛奶的情况下单独喝一大口茶。注意你的口腔里会有怎样的反应。应该会尝到一点酸度，也许还有一点苦味的迹象，但还有一种和这两种味道都很不一样的感觉，而且它是如此地不好喝，甚至几乎会让你有想把自己的眼睛抠出来的感觉。这就是丹宁。对我来说，这种皱起来的感觉在牙龈和面颊内部之间的地方最强烈。注意你自己的口腔里哪一部位反应最大，因为这也取决于你饮水的方式。不少人觉得口腔顶部的感觉最明显。

加州葡萄酒

下次你准备款待朋友的时候（这个练习会比较贵一些），开一瓶年轻的波尔多红酒，最好是来自梅多克（Médoc）、圣艾斯代夫（St Estèphe）、波雅克（Pauillac）、圣于连（St Julien）或者玛歌（Margaux）产区的，再开一瓶同一年份、价钱大概也差不多的加州或者智利的高档赤霞珠。注意美国酒尝上去是多么的更加柔顺，同时也好像更甜，口腔内部对美国酒的反应也比更有墨感的波尔多葡萄酒要少很多。

丹宁与优质葡萄酒

现在试着去评估你品尝的每一瓶红葡萄酒中丹宁在你口腔中留下的印象。有

意思的是，大多数丹宁过多的葡萄酒都更加昂贵，因为虽然它们很年轻，但它们都是有长期陈年潜力，并且在将来能够产生利润的"优质葡萄酒"（Fine Wine）。对于这种还在幼年期、品尝上去并不很可口的好酒，最典型的例子就是一瓶2005年份的梅多克，包括前面写加州葡萄酒时所列出的那些波尔多村庄，你不得不在它身上花一大笔钱才行。将它和一瓶更柔顺的产自2001或者2002年份的葡萄酒对比（最好也是同一个酒庄的），丹宁就没有那么明显。一瓶来自更老的出色年份的葡萄酒，比如1995、1990或者1989年份的，它会表现出当丹宁一旦退到后台，允许果味和橡木味结合在一起，并且产生出很多不同的微妙之处的时候，一瓶葡萄酒可以是多么的美妙。

丹宁较少的葡萄酒

对博若莱（Beaujolais）葡萄酒来说，丹宁不是一个重要的成分，对典型的里奥哈（Rioja）来说也不是，虽然丹宁在大多数杜埃罗河岸（Ribera del Duero）产区的葡萄酒中很明显。产自意大利东北部的葡萄酒，包括美乐和赤霞珠，也都很柔顺，甚至波尔多现在通常也会用丹宁丰富的赤霞珠品种生产一些低丹宁的廉价葡萄酒。大多数来自新世界黑品诺的丹宁含量也很少，还有一个基本规则，赤霞珠尝上去总是比美乐有更强丹宁的感觉。

白葡萄酒与丹宁

总的来说，丹宁是红葡萄酒的一个重要成分，部分原因是葡萄皮、藤茎和葡萄仁在白葡萄酒酿造过程中没有重要的角色（参见本书第三章），还有部分原因是从葡萄皮中得到的色素需要与丹宁反应，才能使其变得更柔顺。一些白葡萄酒尝上去感觉会比较涩，就像丹宁含量高的红葡萄酒一样，因为在酿制它们的过程中，葡萄被压榨得非常厉害，因此葡萄汁中会包含不少来自葡萄皮和葡萄仁的丹宁。

一些白葡萄酒有它们自己的"涩味"。我们通常用"涩味"来形容白葡萄酒中的丹宁，它在口腔中的感觉是与红葡萄酒中的丹宁一样的。下次在品尝一瓶便宜的意大利白葡萄酒的时候，注意你口腔里那个因为丹宁而最容易皱起来的部位会发生什么反应。对于我来说，很多廉价的索阿维(Soave)在嘴里会有和年轻赤霞珠一样的感觉，不过近年来索阿维的总体质量在不断地上升。

葡萄皮较厚的品种

不同的红葡萄品种会酿制出丹宁含量不同的葡萄酒。葡萄仁越多，葡萄皮越厚，果汁中丹宁含量就越高。赤霞珠、席拉和内比欧露葡萄是丹宁含量很高的品种。那些缺雨的年份也会趋向于酿出丹宁较多的葡萄酒，比如2003年份，因为葡萄果肉无法正常地生长，葡萄皮和葡萄仁在果汁中就占了较高的比例。因此，你可以品尝出"干旱"的味道。

酿酒师会根据自己想要酿制的葡萄酒的风格来决定从葡萄中提取多少丹宁。如果他倾向于发酵时间较长，并且延长了葡萄皮在发酵后浸放在葡萄酒中的时间，也就是法语里所说的"cuvaison"，那么丹宁将会有充足的机会从葡萄皮中渗出来进入到葡萄酒中。

当把葡萄酒储存在木桶中的时候，葡萄酒会从木头中吸取更多的丹宁。橡木桶越新，内部被烧焦的程度就越低，含有的丹宁也就越多。所以真正卓越的、有能力陈年到50岁的葡萄酒通常都在新木桶中存储过一段时间。虽然新木桶会比旧木桶昂贵许多，但它们能够更好地"装备"葡萄酒，从而使其有更长的寿命。

葡萄酒储存在木桶中的时间越长,它的天然果味就会消散得越多。最好的例子就是那些用非常传统的工艺所酿造的巴罗洛,它们在木桶中存放过久,以至于丹宁强度超过了酒中所有其他的香气成分。不过,如今在皮埃蒙特,已经出现了酿造更加柔和、更加平易近人的葡萄酒的趋势,其实其他所有产区也都在做同样的事情。

如果你有机会品尝一瓶产自较一般年份的巴罗洛或者巴巴列斯科,比如1992或者1993年份,看看你觉得它最显著的特征是什么?通常来说,你会发现巴罗洛非常干,在没有食物陪伴下享用它,几乎是不可想象的事情。品尝这样一瓶产自非常传统的酒庄的巴罗洛,那种感觉可能就像吮吸一根火柴一样。

葡萄酒的"苗条"与"丰满"

和人一样,葡萄酒也有重量,只不过"丰满"对葡萄酒来说并不是什么羞耻的事情。

葡萄酒的重量是对它有多少干浸出物(extract,也称精华物)和酒精含量的衡量。一瓶酒体丰满的葡萄酒至少有13.5度的酒精含量。一些酒体轻的葡萄酒的酒精含量可能会低于10度,并且品尝上去也更加柔弱。如何评估酒体是件很难形容的事情,但做起来其实却很容易。仅从观察葡萄酒你就可以得到相关线索(参见本章后面视觉线索中的"第四眼"),通过一些练习以后,你闻酒的时候也常常会得到明显的暗示。

但是只有当在嘴里的时候,葡萄酒才会发出最强烈的"猜猜我的体重"的信号:它确实就是你所感受到的液体在你口腔中有多重那种实实在在的感觉。当你喝下一大口葡萄酒的时候,你是强烈地感到酒中的力度,还是只有很稀薄的液体?请记住,大部分葡萄酒80%以上的体积都是水。当你咽下或者吐出酒精度很高的葡萄酒的时候,它会在你的口腔里留下一种发烫和燃烧的感觉。

加烈葡萄酒都是酒体非常饱满的,因为它们含有外加的酒精。加烈酒之外，大部分酒体最重的都是红葡萄酒，包括意大利的阿玛罗尼 (Amarone)、隆河谷的埃米塔吉和教皇新堡、加利福尼亚的晚收仙芬黛以及许多西班牙和阿根廷的红葡萄酒，还有产自加利福尼亚、澳大利亚和南非的典型的赤霞珠和席拉/席拉子。最优秀的勃艮第白葡萄酒、苏玳，特别还有加州霞多丽，也都是非常饱满的。事实上，很高的酒精含量会使葡萄酒尝上去感觉好像有点甜。这也就是为什么许多加州霞多丽会给你这样的印象，那就是它们尝上去好像含有比它们本身更多的残糖。

大部分德国葡萄酒都非常轻薄，其中一些的酒精含量实际上只有8度。葡萄牙的绿酒，不管是白葡萄酒还是很少出口的红葡萄酒，酒体也都非常轻。虽然大部分人都以为所有的红葡萄酒的酒体都比较饱满，但博若莱和不少法国红葡萄酒也都属于酒体相对较轻的，比如大部分的地区餐酒。

一瓶酒体丰满的葡萄酒不一定需要含有很多残糖。像布鲁奈罗 (Brunello)和巴罗洛这些优质的意大利葡萄酒，不仅酒体饱满，而且口感非常干；然而，阿斯蒂 (Asti) 起泡酒却是甜而轻的。如果你非常在意你的体重，你可以去享用那些即轻又干的葡萄酒。这种类型的酒中比较普遍的例子是来自法国的密斯卡黛、桑赛尔、夏布利和博若莱。

酒精含量和酒体

从现在开始，如果酒标上写有酒精含量的话，请开始在品酒笔记中记录下酒精度，并且将它与葡萄酒在你嘴中感到的重量联系起来。如果一瓶葡萄酒酒精含量非常高，你呼气的时候也许会觉得应该要避开火苗，所以喝完教皇新堡后要小心蜡烛。当你咽下波特酒的时候，请特别注意你呼吸时感到的那种发烫的酒精感觉。

轻盈的德国葡萄酒

评估一杯德国雷司令，最好是摩泽尔河的，和一杯阿尔萨斯、奥地利或者澳大利亚出产的雷司令相比较。注意德国葡萄酒在嘴中的感觉要轻薄得多，即使它有同样的香气。

干而重；甜而轻

品尝一下埃米塔吉、巴罗洛或者巴巴列斯科，注意它们的口感是多么干，而酒体却又非常饱满。下一次当你喝阿斯蒂的时候，或者最好是莫斯卡托-阿斯蒂 (Moscato d'Asti)，它们的质量通常比阿斯蒂更好，尝上去也非常清爽，葡萄味更重，十分美味。在享受它们轻盈酒体的同时，也注意一下它在你舌尖上的感觉是多么地甜。

捕捉葡萄酒的香气

如果一瓶葡萄酒所能告诉我们的一切就是它口感清爽、半干、酒体较轻、而且稍微有些涩口的话，那么这本书就没有必要存在了，品酒也会变得毫无乐趣。

葡萄酒的伟大魅力所在就是它那极其广泛、美妙无穷的"香气"，比其他任何饮品都要奇妙，特别是你要知道，它只有一种原材料。你可以想象一下专门品尝不同年份胡萝卜汁的时髦俱乐部，或者专门参观土豆批发市场的美食观光。

在前面几节我们已经知道，人的味蕾只能够接受葡萄酒所传达出的相对原始的信息。那些真正有趣的部分，也就是我们称为"香气"(flavor) 的葡萄酒特征，是由其挥发性的气味表现出来的，一部分是在我们闻酒时从鼻腔吸入，另一部分则是在我们品酒时从口腔后部传上来，然后再将它们传送到嗅觉中枢那超级敏锐的感应神经上。这些挥发性的分子组成了葡萄酒散发出的气体，它们在每瓶葡萄酒中是很少的一个成分，但却是极其重要的。正是这些分子的特征构成了每瓶葡萄酒的香气。为了充分体验这些香气，我们自然要有意识地仔细去闻葡萄酒，这样才能使它们传送到嗅觉中枢。

品酒专用词汇

现在的问题是如何去描述葡萄酒的香气。如果你从来不想跟其他人交流葡萄酒的味道，或者你觉得某些葡萄酒没有任何需要被记住的意义，亦或是你选择不去享受比较和评估葡萄酒所带来的乐趣，那么"嗯，好喝"，甚至"啊唷"，都可以毫无问题地表现出你对某种葡萄酒的感受。但是，对于正在阅读此书的读者们，你们已经决定去正确地品尝葡萄酒，从而能够更好地评估和享受它，甚至也许有盲品的想法，那么当你在享受葡萄酒所带给你的那广阔且令人激动的美味时，如果你找不到一个准确的解释或者词藻去形容它，你就会发现这确实是一件令人十分沮丧的事情。

音乐爱好者很清楚中音C和最强音是什么意思。视觉艺术的内行可以对何为正方体和猩红色达成共识。然而，对于品酒者来说，即使是对像佳美 (Gamay) 品种那种简单和特别的香气，大家也很难找到一个客观的词汇或者标准去形容它，更不用说还有其他无数的因素能够造成葡萄酒味觉和香气上的细微差别，比如葡萄藤生长的土壤情况，直到丰收前的天气情况，以及葡萄酒的酿制工艺和储藏方法等等。

寻找类似的香气

一个能够让大部分人接受的词汇表无疑对葡萄酒品尝者会有很大的帮助，因此许多人已经付出了相当大的努力去建立这样一个能让大家达成共识的词汇表。每个国家都有它自己可以接受的品酒词汇，但是因为嗅觉这个东西是非常神秘和主观的，所以没有一种方法可以提炼和比较某个特定的词汇在我们每个人感官上的印象（我们的感觉器官和敏感度其实都稍有不同）。

有一位叫做让·雷诺（Jean Lenoir）的非常有胆识的勃艮第人，为了说明一些品酒词汇闻上去到底应该是什么样子，他花了很多心思和努力，创造出一些具有权威性的香精，并且用这种非常具体和明白的方式来表达各种香气。这个勃艮第人甚至以"酒鼻子"（Le Nez du Vin）商标销售这些装有香精的小罐子，这样，当你品尝一种葡萄酒的时候，你就可以潇洒地参照"酒鼻子"里的味道，从而确定是用"木头味"还是"紫罗兰"来形容这瓶酒的香气。

但是在不同国家，用于形容葡萄酒香气的词汇却有着非常有趣的不同之处。比方说，在南非"番石榴"是一个很常见的品酒词汇；美国加州人通常很轻松地就能辨认出"青椒"的香气；那些比较传统的法国品酒者喜欢说出长串的香气词汇名单，像"金合欢"、"烤面包"、"蜂蜜"和"巧克力"；而澳大利亚人则可能会详细地分析酒中化学成分的味道，比方说乙醛和硫化物。

正如这些例子所告诉我们的那样，选择形容葡萄酒的词汇在很大程度上就是用一些与葡萄酒无关的东西和酒的香气做比较。在前面几个章节也提到过一些品酒术语，比如说"半干"、"酒体饱满"和"丹宁柔顺"等等，这些都是被广泛接受的用于描述葡萄酒明显口感的词汇，也就是那些可以用味觉而不是嗅觉来识别的特征。但当谈论到像葡萄酒香气这样微妙的东西时，想要找到一些适合的词汇来描述它却往往要困难许多。这有点像形容某个人的形体特征（比如身高、肤色等等）和性格特征之间的区别一样。葡萄酒品尝者更乐于在美酒中寻找他们自己曾经体验过的或者可以想象出的香气。

有时候一些公认的品尝术语与葡萄品种名字所意味的香气其实只有一点点相似之处。琼瑶浆（Gewürztraminer）品种最具代表性的气味通常被葡萄酒专家称为"香料味"（spicy）。这并不是因为琼瑶浆闻起来像某种特别的香料，而是因为"Gewürz"在德文中是"加过香料"的意思，因此"香料味"就变成了用来形容琼瑶浆香气的一个公认而且方便的术语，也叫做"线索词"(trigger word)。

最适合你的就是最好的

你可以发展出一些自己的品酒词汇。如果某种葡萄酒闻起来对你来说就像干净的床单或是网球味道，那么就把这种气味储存在你的记忆中。这样在以后也许可以帮助你识别这种香气和葡萄酒。当你闻酒的时候，你需要某个词汇来引导你去识别或者评判这瓶葡萄酒。对于不同的香气来说，我们都有自己的"线索词"。在接下来的课程里，在形容每种香气的同时，我都会尽可能广泛地列举出可以用于形容它的词汇供你参考，希望其中至少有一个能够帮助你发展你个人的品酒词汇。如果你的词汇表和其他人的很相似，那将是有用的，但其实也无关宏旨。非专业人士同样可以创造出自己的品酒游戏规则，不过对于那些以葡萄酒为生的人，如果他们想尝试通过葡萄酒界最高级、难度最大的测验，也就是"葡萄酒大师"（Master of Wine）的考试，那他们都会被要求使用通常公认的词汇。

在本书的最后附有一个用来形容葡萄酒的口感和香气的常用术语表。在品酒的早期阶段，能够区分何为"果香"、何为"酒香"是十分重要的。年轻的葡萄酒相对简单的气味被形容为果香，但是经过在瓶中陈年，葡萄酒会逐渐形成一种更加复杂的气味组合，这种组合则被称为葡萄酒的酒香。

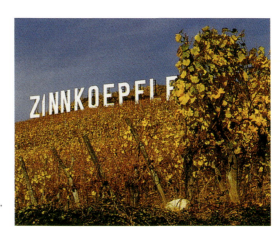

阿尔萨斯"香料味"
十足的琼瑶浆品种。

三个质量指标

甜味、酸度、丹宁和酒体给了你葡萄酒的口感，而香气是葡萄酒特征必不可少的线索。如果你想要挑选出你特别钟情的葡萄酒，并且避免那些劣质品，理解葡萄酒的最后三个方面将会很有帮助，它们可以用鼻子和嘴巴来评估，而且和酒的质量有着最直接的关系。

1 干净 （cleanliness）

这一点听上去好像有点消极。如果一瓶葡萄酒没有明显的"失误"（fault，也叫做错误气味），那它就会被形容为"干净的"。到目前为止，你的鼻子是这方面最好的裁判。如果在闻过第一下之后，你还有继续闻下去的渴望，那么这瓶葡萄酒应该就是干净的。当我在1975年开始以葡萄酒写作为生的时候，大概有一半的葡萄酒闻上去都不是很干净，并且表现出这样或那样的错误气味。当今科技革命已经席卷了世界上大部分的酒窖，国际市场上只有少于1%的葡萄酒会表现出某种酿造过程中产生的失误。木塞污染是最常见的失误，但它与拙劣的酿酒水平没有任何关系；它不过是因为使用了被污染的木塞的偶然结果。下面是你在葡萄酒中有可能闻到的最常见的一些讨厌的错误气味。

TCA

TCA是一种非常难闻的化合物的缩写，全名是2,4,6-三氯苯甲醚，可以在用被污染的木塞所封存的葡萄酒中找到它。含有TCA的酒闻上去有种发霉的、腐臭的气味，极其让人倒胃口。最常见的原因是在树皮丰收和处理过程中，木塞由于某种原因而被污染了。这样的一个木塞本身不一定会很难闻，但它会将让人恶心的气味渗透到葡萄酒中。TCA能够污染任何质量的木塞，不过一些酒庄相信，他们的木塞提供商在制作过程中比其他厂家更加小心谨慎，因此可以使木塞被污染的几率降到最小。在90年代末期，由于木塞污染的发生频率过高，许多葡萄酒制造商和零售商开始使用塑料瓶塞，缺点是它最终会让空气渗透到酒瓶中，而且塑料瓶塞本身是无法生物降解的，因此不够环保，但是它绝对不会"窝藏"TCA。螺旋盖是另一种越来越流行的选择。当一瓶葡萄酒被打开以后，和坏木塞味有关的发霉气味会在酒中扩张，不同的品酒者对TCA有不同的敏感程度。一瓶被软木塞污染（corked或者corky）的葡萄酒通常会缺乏果味和应有的魅力。如果酒庄用某种特定化学制品处理了酒窖中的木头、横梁和木架，那在这附近酿造或者储藏的葡萄酒中也可能会发现TCA的存在。

被木塞污染的葡萄酒大约在2%-5%之间，不过木塞制造商都在积极研发不会被TCA污染的木塞。

二氧化硫

在酿酒过程中的某个阶段，如果葡萄酒用很多硫处理过，那它就会产生一种像刚点燃的火柴或者使用固态燃料火炉的气味，它们会出现在你的鼻尖或者喉咙后部。二氧化硫是酿酒师常用的一种防腐剂，在几乎所有的葡萄酒中或多或少都有一些。那些有相当多残糖的甜或者半甜的葡萄酒，为了避免再次发酵，都会使用很多二氧化硫加以处理。因此，这种气味在便宜的甜白葡萄酒和一些德国葡萄酒中是很常见的。它通常会随着时间而消失，所以顶级的德国酒庄一般都会建议你把他们酿造的葡萄酒储藏很多年；当然也可以采用转动酒杯、将酒在杯中打漩的方法，但是哮喘患者会对硫有严重的反应。我发现酿酒师现在使用的硫要比以前少了很多。在品尝过传统工艺酿造的德国葡萄酒后，我甚至注意到第二天早上我的喉咙真的会有烧焦的感觉。

还原气味

还原气味 (reduction) 和硫化氢这种化合物有着紧密联系, 它通常会发出臭鸡蛋或者橡胶的气味。一瓶葡萄酒在极度缺乏氧气的情况下, 就会发生还原现象, 用螺旋盖封存的葡萄酒会非常容易出现这样的情况, 除非酿酒师在处理葡萄酒的时候十分小心。这种气味有时也会出现在那些在炎热气候中酿造的、没有接触过充足氧气的葡萄酒中。如果不加以处理, 它可能会演变成叫做硫醇的化合物, 这种化合物有着强烈的污水管气味。但是, 如果葡萄酒中氢化硫含量非常低的话, 那就可以将葡萄酒在杯中激烈地旋转, 让它和空气充分接触, 这样氢化硫的气味就会消失; 另一个办法就是放一个铜币在酒中。在那些来自澳大利亚相对炎热的产区酿制的红酒中, 这是一种常见的错误气味, 因此, 澳洲人的鼻子对硫醇好像尤其敏感。

异性酵母

异性酵母 (brett) 是加州人最喜欢的失误, 这是一种有着鼠臭味或者马圈味的气味, 在口腔中这种气味甚至更加明显。它是由一些在陈旧的木质酒窖或者不是很干净的酒窖中徘徊的酵母引起的。一些美国酒庄甚至刻意鼓励在葡萄酒中有一点"异性酵母"的气味, 因为他们相信这可以给高档的红葡萄酒加入一些"欧洲式的"复杂性。

氧化

在葡萄酒中识别出氧化需要一定的熟悉过程。雪莉酒和马德拉酒都是故意被氧化的例子, 也就是说将酒暴露在空气中, 这在普通酿酒过程中通常都是要避免的。氧化在大部分非加烈酒中都是失误, 它使葡萄酒闻上去和尝上去都很单调, 有种不新鲜的感觉。有时你只用眼睛就可以发现被氧化的酒, 因为它会变成棕褐色, 就像一片在空气中暴露很久的苹果。"马德拉化" (Maderized) 几乎是氧化的同义词, 但主要用于白葡萄酒。

醋酸的／有醋味的／极其酸的

这是比遭到氧化情况更严重的葡萄酒, 都已经开始变成醋了, 并且闻上去也和醋一样。

被木塞污染的葡萄酒

如果花钱买酒用来讲解葡萄酒的错误气味，那实在是件很浪费钱的事情。不过可以这样，试着和一家附近的餐厅老板、葡萄酒商人或者附近的葡萄酒商店的经理搞好关系，向他们要几瓶因为失误而被退货的葡萄酒。葡萄酒被木塞污染不是件丢脸的事情，它不是酿酒技术平庸的表现，只不过是运气不好而已，或者也可能说明木塞制造商不是非常小心。

在使用塑料瓶塞的葡萄酒中，你永远不可能发现TCA。不过，如果你想重新塞住一个打开的酒瓶，那软木塞要比塑料瓶塞容易得多。只要你闻过TCA的味道一次，你就永远不会忘记这个气味。

硫

如果想要熟悉两种因为硫而产生的错误气味，请试着记住两种非常不同的气味：一个是放在外面一两天的煮鸡蛋的气味，它会让你知道氢化硫闻上去是什么样子的；另一个是一根刚被点着的火柴或者固态燃料火炉的气味，这是二氧化硫的产物。如果你真的遇到一瓶闻上去有氢化硫气味的葡萄酒，也许是一瓶乡土味 (rustic) 很重的邦朵 (Bandol) 或者康纳斯 (Cornas)，那么你可以试验一下铜硬币的味道。

氧化葡萄酒

将一些非常廉价的葡萄酒在酒杯中留上两天，最好放在你经常经过的地方，比如说厨房。每次路过这杯酒的时候都闻一下它，看看它是如何变化的。葡萄酒会逐渐失去那新鲜的水果香味，并且开始变味。然后香气会变得很单调，并且这酒会很明显地让你提不起胃口。这就是被氧化的葡萄酒，最终酒会变成醋，这期间它可以被形容为有醋酸味。你可以闻一下葡萄酱醋 (wine vinegar) 来熟悉这个错误气味。

这种氧化变质所需的时间对不同葡萄酒来说大不一样。对像雪莉酒和马德拉酒这样的加烈酒来说，这个过程会非常缓慢。一般来说，葡萄酒的酒体越重，它能够保持新鲜的时间就越久。一些非常浓烈、坚实的年轻葡萄酒在开瓶一、两天后，似乎会变得更吸引人了，包括年轻的澳大利亚和加利福尼亚葡萄酒，还有尤其是巴罗洛和巴巴列斯科。总的来说，黑品诺的葡萄酒比以赤霞珠为主的葡萄酒衰退得更快，以歌海娜 (Grenache) 为主的葡萄酒衰退速度也通常比较快 (参见本书第二章)。

挥发性强的酸性

试着在某些葡萄酒中找出这种高调的、刺鼻的、几乎像指甲油一般的气味，这在一些波特酒中比较常见，不过茶褐色波特酒中则没有。一些酒精含量极其高的澳大利亚席拉子，还有那些产自气候十分炎热产区的乡土味很重的红葡萄酒中，也会有这种气味。这些酒中有许多挥发性强的酸性，但对这些酒本身来说并不算是个太大的失误。

挥发性强的酸性（简称VA）

在品酒会中，当一瓶葡萄酒表现出或者即将表现出很明显的不稳定性的时候，"VA"的低语声就会在人群中不时地传来。一切有气味的酒都有一定程度的挥发性，否则它们就不会发出能让我们闻到的气味。但是，有些陈年很久的或者酒精度很高的红葡萄酒，你在闻它们的时候，好像会有一种它们在努力将所有信息都送入到你鼻子中、而杯中不会有任何东西留下的感觉。波特酒，还有来自澳洲和意大利炎热产区的红葡萄酒，都有特别高的VA，或称"挥发性"。

二氧化碳

如果一瓶酒看上去和闻上去都有一种草绿感和浑浊感，它有可能正在进行二次发酵。不过，有不少葡萄酒在装瓶时都会被故意加入一点二氧化碳，使它们尝上去更清爽提神，尤其是来自炎热产区的年轻的白葡萄酒和桃红葡萄酒（Rosé），包括许多白仙芬黛。如果是这种情况，它们通常都是清晰透明的。

纸板味

纸板味是过滤纸垫板太久没有改换的迹象，幸好现在很少发生。

天竺葵

这种闻似熟悉的天竺葵气味是葡萄酒被山梨酸粗糙处理过的迹象。

请不要抱有老是怀疑葡萄酒中会有错误气味的态度。如果你总是预感到上面所写的这些不好闻的气味会出现在你的葡萄酒中，那么品酒的乐趣就会大打折扣，这会是一件很遗憾的事情。如果一瓶酒确实有失误，那么它很快就会自己告诉你的。

2 平衡（balance）

如果一瓶葡萄酒所有的成分都能融洽地结合起来，并没有哪一个很突出的话，那么这瓶酒的"平衡"就可以说非常出色。如果一瓶葡萄酒酸度太高，或者太甜，或者丹宁过于明显，或者酒精盖过了香气，那么它可能就是一瓶"不平衡"的葡萄酒了。没有哪一种单一的感觉可以帮助你决定这瓶酒是否平衡；你不得不衡量所有单独的成分。所有的好酒在它们能够被享用的最佳时期都应该是平衡的，但一瓶看上去有很好未来的葡萄酒在它年轻时尝起来很有可能是不平衡的，因为在那个阶段它的丹宁含量实在是太高了。

从现在开始，记录下来你所品尝的所有葡萄酒是否有不错的平衡。"和谐"（harmonious）是另一个用来形容葡萄酒的所有成分都构成了一个令人满意的整体的品酒词汇。平衡与价格或者名气没有任何关系，甚至有些非常普通的葡萄酒也可以有完美的平衡，而许多尊贵的名酒在它们年轻的时候很明显都是不和谐的，因为那个阶段的丹宁还是太显著了。

3 长度（length）

另一个衡量葡萄酒质量的重要标准就是被品酒者称为葡萄酒长度(也叫做"持久力")的东西，或者叫做葡萄酒的余味（finish，也称为"回味"或者"收结"）。如果在喝下或者吐出葡萄酒后，你觉得它的香气还在你的口腔中和鼻子中徘徊的话——当然是以一种令人满意的感觉——那么这瓶酒的酿制一定是很成功的。品尝美妙佳酿的时候，即使已经将酒喝了下去，香气还是能够在你口腔中继续逗留许久，甚至长达几个小时。这就是为什么从能够给品酒者多少享受的角度来说，昂贵葡萄酒的性价比并不总是比相对便宜的葡萄酒差，因为便宜的酒在喝下去以后香气和味道马上就消失了；而美酒在每喝下一口后总是回味无穷。

花一些时间评估一下你喝下一口葡萄酒后会有什么感觉。你会发现，如果你很陶醉地欣赏它的长久余味的话，那么这瓶酒带给你的享受就可能变成两倍之多。回味过短的葡萄酒不会给你这种额外的快乐，而且你可能会发现自己是在大口喝它，而不是在细细地品尝美酒。

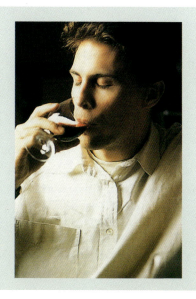

一定要边品酒边思考……

所有的葡萄酒都值得仔细看一看。

眼睛的用处

有关品酒的标准教程一般都会指出, 在初期阶段会用到三个感官, 按照顺序分别为: 眼睛、鼻子、嘴巴。所以, 这些教程通常都是以详细介绍视觉所能够告诉你的关于葡萄酒的某种特征而开始。

的确, 观察葡萄酒是专业品酒者所要做的第一件事, 如果是盲品的话, 它通常也能提供一些十分重要的线索。但本书是关于如何享受品酒的, 一瓶精心酿造的波尔多红葡萄酒那华丽饱满的红色, 一瓶成熟的勃艮第白葡萄酒那柔和温顺的黄色, 这些都是我们可以用眼睛看得到的漂亮画面, 但相比鼻子和嘴巴能够给"贪喝"的业余爱好者所带来的可口美味, 这些视觉感受还真的可以说是微不足道了。正由于这个原因, 关于"葡萄酒视觉"这部分被我降到第三位, 写在葡萄酒与嘴巴和鼻子的关系之后, 即使在品酒过程中你更有可能会先用上你的眼睛。

视觉解读

对于那些只为享受而品酒的人来说, 眼睛能扮演的重要角色只有一个: 观察葡萄酒是否有失误。如果一瓶酒看起来很浑浊, 那么它通常都会有某种"疾病", 尝上去也不会很好喝。如果一瓶酒 (无论是白葡萄酒还是红葡萄酒) 有比你所预计更深的棕褐色, 那么它很可能已经被氧化了。如果葡萄酒的酒体丰满, 并稍微有些气泡, 那么估计它已经在瓶中进行了不受欢迎的二次发酵, 这会使葡萄酒尝上去比应有的味道差一些。不过许多酒体较轻的白葡萄酒和红葡萄酒为了尝上去更口感清爽, 会故意稍微加一点气泡。

原本就应该有一点点起泡的葡萄酒

白葡萄酒

酒标上写有"稍微有气泡的"(法语是petillant和perlant,意大利语是frizzante)葡萄酒;葡萄牙的绿酒;一些有冒险精神、应该被尽早享用的意大利干白葡萄酒;许多产自澳大利亚、新西兰、南非和加利福尼亚的年轻白葡萄酒,尤其是雷司令、白诗南和粉红葡萄酒(blush wine);还有所有含有残糖的葡萄酒,这些酒中会故意有一些气泡,从而使它们变得更清爽。

红葡萄酒

稍微有些起泡的红葡萄酒要比白葡萄酒少见得多,但是朗布拉斯寇(Lambrusco)、极少出口的红绿酒(Vinho Verde)和少数古怪的基昂第(Chianti)会有一点点气泡。

无害的沉淀物

葡萄酒中大多数的微粒都是完全无害的,即使不挑出来(如果它们比葡萄酒轻),或者在倒酒之前没有让它们沉淀到瓶底(如果它们比葡萄酒重),那它们也只不过是个小小的麻烦而已。如果你的酒杯中有从瓶口边缘掉进来的软木塞小碎块或者沉淀物,那也只不过意味着开酒和侍酒的时候比较粗心而已。白葡萄酒中的白色结晶和红葡萄酒中深色沉淀物的碎片也同样都是无伤大雅的。虽然它们看上去很不一样,但实际上都是相似而且无害的,都是葡萄酒经过陈年和成熟后而沉淀下来的固体,通常都是酒石酸的小结晶。在红葡萄酒中,这些结晶被色素染成深红色。然而,对于机警的葡萄酒消费者来说,白葡萄酒中的沉淀物看起来似乎十分可疑,很像是糖或者玻璃碎片。葡萄酒因为这些无辜的沉淀物而被退货的情况比比皆是,这让商家大为头疼,因此现在许多迎合大众的高产量酒庄会尽他们最大的努力来避免这个问题,通常是预先低温处理葡萄酒,或者用过度的过滤来去掉酒石酸盐的方法。然而,我们这些葡萄酒超级"粉丝"却总是对那些有点沉淀物的葡萄酒更感兴趣,因为这表明葡萄酒没有被过分处理过。

如果你要自己确认一下这些结晶的无害性，下次在白葡萄酒中找到它们时可以试着品尝一下。你会发现它们尝上去非常酸，一点都没有糖的味道，因为事实上它们就是酒石酸。请注意，它们的味道很像塔塔粉。红葡萄酒中染红的结晶尝上去基本是一样的味道，不过似乎感觉更脆一些。

结晶沉淀物既无害，也不是粗心的结果，它只不过是自然酿酒的产物而已。

视觉线索

现在我们开始这个课程中的"福尔摩斯"部分。那些有兴趣成为盲品专家的人请仔细学习这一节,因为视觉感官对你和你手中的酒杯之重要性,就像它对一个出色侦探和他的放大镜一样。

第一眼

如果葡萄酒的颜色比较单调和一致的话,也就是说酒杯中心和边缘看上去并没有很大的区别,那么这很有可能就只是一瓶十分普通的葡萄酒。大多数优质的葡萄酒看上去其实都挺有意思的,色泽鲜明光亮,颜色会有微妙差别,并向边缘逐渐变淡。成熟的红葡萄酒尤其是这样。葡萄酒越老,稀薄的边缘与酒杯中心的颜色区别就越明显。如果葡萄酒有一些细微的气泡,那么它有可能是前面所列出的"起泡的葡萄酒"中的一个。

为了能最好地观察葡萄酒的颜色,将酒杯向你的反方向倾斜45度,背景的颜色要尽可能地素淡和简单。一块白餐布就没有问题,甚至一个白盘子也可以。所以,普通的餐桌和起居室通常都不能算是最佳的品酒环境。你不可能从烛光中或者在木头桌子上看出葡萄酒颜色中微妙的细小差别,不过你大概也不会在这种条件下进行盲品。请记住,如果你确实十分想要猜出一瓶葡萄酒的名字的话,那么你,或是想要测试你品酒能力的那个人,都应该很认真地考虑灯光这个问题。在接下来的部分会更多介绍这方面的内容。

没有比白色平面更好的品酒平台了。

左边那杯颜色更深、更有紫色色调的葡萄酒，
比右边那杯更有橙色色调的葡萄酒要年轻许多。

第二眼

　　在颜色方面，随着陈年日久，红葡萄酒通常会从紫红色变成绯红色，然后再是砖红色；而白葡萄酒会从无色开始，随着陈年通常会变得更黄，然后会有棕色的色调出现。如果想看出葡萄酒真正的色调，最好的线索通常是在颜色较淡的边缘部分。对那些颜色十分深浓的红葡萄酒来说尤其是这样，因为除了边缘向内的地方，这些酒的颜色可能几乎就是黑色的。对红葡萄酒来说，颜色是它们成熟状态的主要指标之一。带有一丝蓝色色调的葡萄酒肯定是比较年轻的，如果呈现出那种浅浅的黄色或者橙色的话，那就表示这瓶葡萄酒已经有一定年份了。在酒杯边缘，颜色的渐变越微妙，那就代表这瓶酒陈年越久。对于白葡萄酒的鉴别或者成熟度来说，颜色有相对较少的启示作用。大部分白葡萄酒的颜色都在浅稻草色和浅金黄色之间，尽管它们的颜色会随着年龄的增长而变深，但是这种变化远没有在红葡萄酒中那样明显。

特别的葡萄酒颜色与葡萄产地和葡萄品种相关:

红葡萄酒

深红色:大部分年轻的优质葡萄酒,通常都有陈年潜质。

樱桃红色:许多由黑品诺、佳美、歌海娜和美乐等品种酿造的口感较轻的葡萄酒;包括博若莱、希农、布尔格伊、瓦尔普利切拉以及一些新西兰红葡萄酒。

绯红色:典型的红葡萄酒颜色,所以不能提供什么特殊线索。

桑红色:如果颜色很深的话,那么很有可能是由马尔白克(Malbec)或者席拉葡萄酿造的,或者也可能是来自气候炎热产区的赤霞珠。

微红的棕褐色:这瓶酒可能已经很成熟。有一点橙色色调的则是以内比欧露为主的葡萄酒的特征,比如巴罗洛和巴巴列斯科,有些蒙塔奇诺—布鲁奈罗也会这样。如果有黑色色调的话,那也许是产自南非或者澳大利亚的葡萄酒,而且表示它们已经成熟了,但年龄也许并不很老。

白葡萄酒

几乎无色:以鸽笼白、白诗南等品种酿制的葡萄酒;索阿维;密斯卡黛;很年轻的夏布利,或者任何批量生产的廉价酒。

微带绿色:如果这瓶酒颜色也很淡的话,那它很可能是德国葡萄酒;如果是微带绿色的金黄色,则通常是产自澳大利亚。

清淡的黄色:大部分干白葡萄酒年轻时的标准颜色。

黄金色:在欧洲,一抹更深的颜色代表着阳光充足的产区,或者已经有点年份的葡萄酒,也表示酒中可能会有一些残糖;产自美国加州和澳洲的霞多丽,即使在非常年轻的时候,也通常会有这种颜色;琼瑶浆、灰品诺、赛美蓉和维欧尼,无论它们生长在哪里,酿制出的葡萄酒通常也会有较深的色调。

深金色:高档的甜葡萄酒,随着陈年,它们在不变质的情况下,甚至也可能变成棕褐色。

桃红/粉红葡萄酒

在颜色的色调和深度上会有很大的区别。带有一点紫红色调的表示采用了非常现代的酿酒工艺,而橙色色调则说明葡萄酒有可能已经被氧化了。不过盲品桃红葡萄酒本身就是个比较矛盾的事情,因为如果真的有一种酒酿制出来,目的就是为了希望大家不要认真对待它的话,那就是桃红葡萄酒了。

第三眼

不仅是颜色，颜色的强度也是一个重要的线索。红葡萄酒随着陈年，色彩的强度通常会变得更淡，除了伟大的罗曼尼·康帝酒庄 (Domaine de la Romanée Conti) 的一些酒，它们在陈年十几载后会呈现出一种神秘的红色。如果一瓶红葡萄酒的颜色很深很浓，那说明它非常年轻，是用皮厚的葡萄品种酿造的，并且从葡萄皮中提取了尽可能多的颜色。它也许是来自靠近赤道的产区，也许是产区虽然离赤道较远、但属于某个极佳年份的葡萄酒；或者也有可能是由马尔白克、席拉或者赤霞珠品种酿制的，并且年份十分成熟的葡萄酒。如果一瓶红葡萄酒有一定的年龄，或者它来自远离赤道的产区，亦或产自一个丰收前经历了过多雨水的年份，那么这瓶酒颜色的强度就很有可能非常淡薄。

与此相反的是，在白葡萄酒中，颜色的强度越深，则代表酒的年龄越高。它也可能暗示这种葡萄酒会比较甜；或者曾经在橡木桶中储存过，并从木头中得到了更多的颜色；或者也有可能只与橡木片接触过（参见本书第三章"木桶香气"）。

评估葡萄酒颜色深度，最好的方法就是将一杯酒放在一个白色的平面上，然后从正上方往下看。如果样品的质量级别都一样的话，你会发现颜色强度的差异会有惊人的区别。以赤霞珠和席拉为主的葡萄酒的颜色，通常比由黑品诺、佳美和歌海娜酿造的酒的颜色要深许多。一般而言，葡萄越成熟，酒的颜色就越深；葡萄酒的产地离赤道越远，酒的颜色就越淡。

第四眼

最后一个诀窍很简单，事实上它只不过是一个在餐桌上作秀和炫耀的"时髦"动作：将葡萄酒在杯中打漩，然后观察杯壁，你会发现每瓶酒在粘性 (viscosity) 方面，也就是指葡萄酒挂在杯壁上的程度，会有很大的不同。粘性很强的酒会在杯壁上留下像琴酒 (gin) 或者光亮的指甲油一般的液体痕迹，并且往下流的速度很缓慢。粘性是衡量葡萄酒酒体 (body) 和重量的很好的指标，粘性强则说明葡萄酒有很高的酒精含量，有很多精华物 (extract)，或者两者都有。酒体轻薄的葡萄酒通常不会在杯壁上留下很多痕迹；反之，酒体饱满的酒留下的痕迹则会非常明显，它有时被称为"眼泪"（tears），或者"美腿"（legs），不过后面这个术语肯定是为了迎合"葡萄酒就像女人"这种比喻而发明的。此外，低温发酵也会稍微增加葡萄酒的粘性。

对有杯脚的酒杯来说，让酒打漩是件很容易的事情，这也是为什么品酒时更适合用有杯脚的杯子的原因之一。用你习惯的那只手，用大拇指和随便其他几个指头握紧杯脚。顺着轴心轻轻地旋转酒杯，

能够让葡萄酒溅到杯壁上。然后放下杯子，观察酒杯内壁是否有非常粘且移动缓慢的液体痕迹，还是只不过有一点潮湿的样子而已？如果是前一个，那么这杯酒的酒精含量就会比较高。

品尝技巧总结

视觉搜索

首先，请仔细观察酒杯中的葡萄酒。如果你只是想要随意享受一杯葡萄酒的话，那你只需要确定酒是否清澈，并且在不应该有气泡的酒中没有发现气泡就可以了。你可以衬托着白色的背景将酒杯向自己反方向倾斜45度，这样就可以很好地观察到葡萄酒的颜色和色调；然后从正上方往下看杯中的葡萄酒，分析一下颜色的深度或者强度，就像前面两节讲的那样。如果你想要试着识别出这是什么葡萄酒，或者要仔细考量葡萄酒质量的话，那么下面这两个练习是必不可少的。尽管葡萄酒专家可以花上几个小时来讨论他们是如何将不同颜色的色调和细微差别与不同的葡萄酒联系起来的，但在实践中，这个"看酒"的过程其实通常只需要花上几秒钟的时间。

嗅觉搜索

现在轮到极其重要的嗅觉、也就是"闻香"登场了。你可以简单地将酒杯举到自己的鼻孔前，然后用力吸气。不过正如前面讲解测试粘性时所形容的那样，如果你"闻香"前将葡萄酒在杯中打漩一下，那么它会散发出更强烈的气味。这些构成气味的挥发性成分都是从葡萄酒的表面散发出来的，所以打漩可以增大葡萄酒和空气接触的面积，从而进一步促使有挥发性的香气成分离开葡萄酒，并且聚集在葡萄酒上方。你只需要将酒杯左右摇晃几下就可以了，不过，相对于有节奏地旋转酒杯来说，这样随便摇晃也许会增加你溅出这些珍贵液体的危险。顺便说一下，在旋转酒杯的时候，无论你是将酒杯放在桌子上还是拿到半空中都无所谓，只不过在半空中摇晃意味着你可以更快地将酒杯举到鼻子前面。一些很传统的品酒者会拿着杯脚，而不是杯茎，但对于这一点，我实在找不出任何科学上的解释。

先用鼻子

现在将你的鼻孔靠近葡萄酒上方，最好是将酒杯向你自己倾斜45度，这样可以增加葡萄酒表面和空气接触的面积，从而使酒散发出更多的香气。如果你的鼻子正好伸进酒杯里面一点，这样就能够闻到杯中聚集的所有气味。实践证明,闻香的最好办法就是集中全部精神在葡萄酒上片刻,然后用鼻子很快地嗅一下。这时候如果将眼睛闭上可以更好地帮助你将注意力全部集中在葡萄酒上,不过这样做会使你看上去有点可笑。

闻香的时候,你潜意识里做的第一件事应该是检查葡萄酒是否干净,有没有错误气味。如果葡萄酒向你发出"我有问题"这样的信息,那它会非常快地传到你的大脑中,所以在这方面你几乎不需要展开任何的想象力,可以直接进入到闻葡萄酒这个主题之中:那就是体会它的香气。正如我们已经学到的那样,嗅觉中枢,也就是我们个人接收香气的中介,位于鼻孔内壁的上方。盲品者和我们这些喜欢比较各种不同葡萄酒的人是很幸运的,因为嗅觉中枢会将信息发送到大脑中靠近我们称为记忆的那个部分,这就是为什么气味总是能够那么不可思议地引起人的回忆,也是为什么品酒是

当我仔细"闻香"的时候,我总是尽量
不让自己看上去很可笑。

喝一大口葡萄酒对品酒
来说是很有必要的。

一件那么有趣的事情。设法加强你识别气味或者香气的能力，从质量上评
估它们，并将它们编排到你的记忆里，这样你以后就能够将它们和其他气
味联系起来，互相比较。在这个阶段，如果你对如何准确地形容香气有所困
惑的话，也不用担心。贯穿这个课程的后面部分会有我对各种葡萄酒的解释
和指导。

再用嘴巴

现在终于可以允许你喝上一些葡萄酒了。通过葡萄酒在舌头上和口腔
内部的感觉，你可以得到一个甜味、酸度、丹宁含量和酒体的总体印象，并
且可以通过鼻后嗅觉通道所传上来的气味进一步确定酒的香气。你需要喝
一大口酒，这样才能保证你的口腔对这四种基本味觉最敏感的区域都能够
充分地接触到葡萄酒。也是因为同样的原因，在把酒喝下去或吐出来之前，
需要将葡萄酒在嘴里含一会儿。关于什么时候需要做出将酒吐出来这种对
葡萄酒的"亵渎"行为，请参见本书第二章"吐酒的高尚艺术"一节。当你口
腔中还含有一些酒的时候，微微张开嘴，并同时吸入一些空气，这样可以更

加促使葡萄酒的挥发性成分汽化，并通过鼻后嗅觉通道传到嗅觉中枢上。只有这样，才能使葡萄酒带给你感官上的印象最大化。这就是为什么在一些专业品酒会上，室内的那些热情的品酒者总会发出那种令人讨厌和倒胃口的漱口似的噪音。所以，你最好还是不要在餐厅里做这种练习。

总结报告

当葡萄酒还在你口中的时候，你应该抓住机会去体会每种不同的味觉成分，并且尝试做出你对这瓶酒平衡度的分析和评价；当你将葡萄酒咽下去或者吐出来以后，体会一下你的口腔有什么感觉，同时也要留意葡萄酒香气的余味。所有这些关于品酒的技巧都需要花上很多时间来说明，但真正做起来却只需要几秒钟。就是这些简单的技巧可以确保所有相关的感应神经都能够调节好，然后接受葡萄酒所传达的每一条信息。先用鼻子去闻葡萄酒，你就可以在口腔还未被酒所打扰的情况下，体会美酒香气带给你的享受；然后再喝上一大口酒，你已经充分地准备好去感受和理解葡萄酒所传递出的所有原始、但却重要的信息了。

然而，品酒终究是一件非常主观的事情，明白这个道理至关重要。不仅从心理上来说是这样，我们各自喜欢的葡萄酒都会有所不同，也会选择用不同的词汇来描述葡萄酒的香气；而且从生理角度来说，也是同样的道理，我们对于不同物质的敏感度也是因人而异。比方说，有些人发现他们自己很难评估甜度；而我对硫就不是非常敏感，尽管我喝完硫化物含量高的德国葡萄酒后，第二天早上嗓子会有很大的反应。对于这种现象有各种各样稀奇古怪的解释。生理学家认为，很多人会在咖啡或者茶里放很多糖，这是因为这些人在喝茶或者咖啡的时候，他们的舌尖并没有真正接触到液体。所以生理学家认为，如果教会这些人"正确的喝水方式"，那么他们对糖分的摄入量就可以明显地下降。至于为什么我对硫不是那么敏感，我的理论是我从小生长在一个靠烧焦炭取暖的房子里。不要笑我，说不定我的理由就是对的。

第二章 实用知识

品酒体验

你现在已经知道如何品酒了，这比单纯的喝酒更有收获，却一点也不费力，而且这些知识和经验在今后的品酒旅程中可以让你更好地认识葡萄酒。

品酒环境会直接影响到你对葡萄酒的认知，在专业葡萄酒质检科那种使人眩目的白色氛围中品尝葡萄酒，和在家里或者户外品尝葡萄酒，那味道是很不一样的。这一章将介绍品酒应具备的理想条件，包括最佳配具、操作方法以及环境。

当然，你不可能总是在这种理想环境下品酒，而且，如果你吹毛求疵、按部就班地遵循这些规矩的话，比如说要保持绝对肃静，估计你在朋友圈里会很不受欢迎。顺应和妥协是从品酒体验中享受到最大满足的关键。就算那些专业人士对这些条件很教条，但其实你个人的品酒体验是不会完全被这些不完美的条件给搞砸的。如果需要的话，可以对自己原本品酒方式做一些简单的改变，但是如果为了追求葡萄酒带来的巨大喜悦而使别人感到不自在，那就跟本书的价值观背道而驰了。

我们的感官在早上最敏锐，这个早上并不是指我们刚睁开眼睛那会儿，而是上午9、10点钟的时候。这就是为什么专业品酒会按照惯例都安排在接近中午的时间。但是，我们当中又有几个人能在一日之际的早晨就做像品酒这般惬意的事情呢？在实际生活中，你喝酒的时间一般都集中在晚饭或晚饭前的时候。如果你想正儿八经地独自或者和伙伴们一起品尝葡萄酒的话，周末的早晨就再好不过了。在平常的日子里，如果白天品酒会很困难，而只能在晚上品的话，那就越早越好。医生们都知道葡萄酒可以增进食欲，葡萄酒曾经还是给食欲不振的人开的处方呢。因此，品酒是一顿美餐的很好的前奏。但是，如果在饱餐一顿之后再品酒，那你那些对品酒有用的感官就失去它们的敏锐性了。

时间选择

等你下次有空闲时，或许是周末，或许你正在放长假，那就再好不过了，请试图在一天当中的不同时间品尝同一种葡萄酒。在不参看之前笔记的情况下，记录下来你每次品尝之后对这种葡萄酒的印象（参看本章如何作"品酒笔记"的内容），看看你是否可以因此发现自己在一天中的什么时候感知力最强，我是指真正的感知力，而不是貌似的感知力。你也

许是在上午快结束、想要吃午饭的时候状态最佳。我非常熟知这种一天中的第一杯酒往往是最可口的经历。但是，如果你像我当年一样在西班牙酒厂进早餐时就喝一大杯醇厚的红葡萄酒，这个规则就不成立了。我们需要很清醒才能很好地赏识一天中的第一杯酒。相反地，我也很内疚，因为我在睡觉前也经常喝一些酒，但是我都没办法去充分地领会它们细微的味道。

物质环境

如果你想仔细看清楚葡萄酒的清澈度、颜色以及强度，那就需要一个很明亮的光源和一个能作为背景的白色表面。强烈的自然光是最好的，但通常并不实际。因为就算你能在白天品酒，但你最好还是留在室内。因为室外的空气很容易将美酒的香气吹散，而且日光会加热葡萄酒，也包括正在品尝葡萄酒的你。

有些人觉得他们坐着的时候品酒状态更好，有些人则认为是站着的时候。我个人觉得并没有太多区别，我的鼻子和嘴巴好像对于我是在坐着还是在站着一点也不感兴趣。不过，如果水池离你很远，当然还是站着吐酒比较方便。

令人吃惊的是，大部分饭厅都不是很好的品酒场所。对广告创意者来说，烛光与葡萄酒是一对绝佳的伴侣，这也许是因为蜡烛方便使用且容易携带，它通常在滗去陈年老酒的沉淀物时被当作光源，也可能因为葡萄酒和蜡烛传统上都是浪漫的象征。但为了可以方便地品尝葡萄酒，就需要很多蜡烛高高地摆放在餐桌上，才能提供足够的光源。你可以利用白色桌布来达到

葡萄酒是用来一起分享的。

放大光线的效果。但同时你可能还想炫耀一下那美丽光亮的餐桌，要是这样的话，没有花纹的浅色盘子也可以提供用来检验葡萄酒的合适背景。如果这些建议都行不通，你可以把杯子举到最近的光源附近来观察，以往品酒人那种自命不凡的姿态就是由此而来，但是这个方法并不能让你得到有关葡萄酒最准确和详细的信息。

另一个在家品酒的好地方是厨房。在厨房里，白色工作台是个不错的背景，清理起那些葡萄酒留下的渍迹也容易，而且近在咫尺的水池可以用作吐酒池，如果你不介意它可能散发出异味的话。

品酒会的准备工作

在室内开品酒会,请试图选择一个有大量柔和光源的地方,那种有颜色的舞台灯是不行的,同时考虑一下大家是否在品酒时都能容易地找到白色背景。最好是有一张铺着白布的桌子。下次你买餐具垫、盘子和桌布的时候,请想想朴素的白色表面在品酒时所带来的好处。爱尔兰的白亚麻布很不错,当然,一张白色的旧床单,甚至塑料桌布都不会影响你的准确度。

请记住,为了免遭溢出的葡萄酒的侵袭,很多桌面需要受到保护,在桌布下铺些旧报纸就行了。如果你想舒舒服服地坐在扶手椅里,悠闲地拿几瓶葡萄酒代替平日里的报纸,那么一张白纸就可以简单地解决白色背景的问题。举起手中的酒杯,抵在膝上的白纸片上,信封也行。但是,如果你正在兴头上,想记录下品酒心得,白纸也许更好些。

灯光

以审视的眼光检查座位周围的灯光。看看是否每个位置都可以在不打扰别人的情况下,能够很好地观察手中的葡萄酒,不然就在周围摆个地灯。

女性葡萄酒专业人士在工作时不应该有香水味。

气味、香味和香气

你的鼻子对品酒来说实在是太重要了,所以请一定尽量不要让鼻子从手中的酒那儿分心。

虽然在厨房品酒很方便,但是那里散发的强烈气味却是个问题。如果你正试图区分两种不同的葡萄酒,食物和清洁剂的味道会让这个任务变得异常困难。这就是为什么参加正式品酒活动的人不能喷香水或擦须后水,为什么主办方尽量在另一间屋子里提供食物,为什么品酒场所很少有香味浓烈的花饰,为什么有些招待会夸张地在桌子上都摆好"禁止吸烟"的牌子。要是品酒现场有一丝香水或者须后水的味道,大家肯定都会私下里小声地抱怨。

也许我的观点很极端,但是我认为嗅觉空白有些言过其实。我们都有体味,有时味道太过明显,我们称其为体臭;有时味道却淡到只有亲密的朋友才能辨别。虽然体味无处不在,可是我们已经习惯了,所以我们并不能察觉到自己的味道,甚至吸烟成瘾的人也不例外。我注意到瘾君子也能够像普通人一样辨别出葡萄酒香气中的细微差别,因为他们已经习惯于在充满烟草味的环境下品酒。但是,如果他们递给你一杯已经在他们手里停留了10分钟的酒,你肯定是先闻到烟草的味道,然后才是葡萄酒本身。

同样,一个虽然不喷香水但使用某种味道特殊的香皂的人,他们拿过的杯子对别人来讲,第一印象就是那香皂的味道。无论我们预防与葡萄酒无关的异味的措施做得多么好,只要有人存在,味道就会存在。最终,屋子本身也会充满那些被打开的葡萄酒和其他气味的混合体,鼻子灵敏的人就会察觉到。因此,也不必为了一点点香烟或者香水的气味而担心。这些味道一会儿就消散了,并与房间里其他的气味融合在一起,而我们的鼻子也时时刻刻地在调整自己,从而适应新的环境。就好比说我们接过一个大烟枪或者一个刚用香皂洗过手的人拿了半天的杯子,我们的鼻子会慢慢习惯于这些气味,之后才能更好地闻到葡萄酒的醇香。

当品酒是考试或者工作的一部分时，限制食物也许是明智的选择，但是食物对于享受葡萄酒是十分重要的，所以也不必时时刻刻都那么认真。毕竟在餐桌上葡萄酒的香气不得不与同时享受的菜肴的气味相斗争。对于品酒的准确性来说，葡萄酒和食物气味间的争斗比味觉间的问题要来得严重，虽然很多业余爱好者都十分喜欢在品酒的同时吃一些食物。所以在这种情况下，你会发现咸味小饼干会是品酒时的有益伴侣。

没有什么比葡萄酒更能刺激你的食欲了。

个人的气味

下次和朋友一起喝葡萄酒时，互相交换一下杯子，并注意有些人会在杯子上留下自己的味道，有时这些味道是十分强烈的。

瘾君子请尽量不要在大家专心品酒的时候吸烟，但是也别担心自己不能像不吸烟的人一样品尝到葡萄酒的方方面面。如果你是个长期吸烟的人，试着和你不吸烟的朋友一起做本书第一章的盲品练习，你会发现你能和他们做得一样好。

令人分心的房间

下次在一个有很强烈气味的环境中品酒的时候，你会发现原本明显的气味过一会就会慢慢淡去。我在各种情况下都品尝过酒，比如在南欧的某些烟雾缭绕的品酒会上，还有那些正在刷漆的房间里。一开始我以为葡萄酒估计抵不过那些强烈的气味，不过很快我的鼻子就习惯了周围的环境，毕竟，住在被严重污染的城市中的人们也注意不到那些有毒气体的存在。

当你同时享用美酒与美食时，特别是那种刚出锅的味道很香的食物，香味会溢满整个房间，这时候就只能找一个可以让你能够很好品酒的方法。比如说，你可以稍微将身体转向一侧，远离食物，甚至可以在食物上桌前就先来好好地观察一下葡萄酒。葡萄酒在没有食物打扰的时候才能最好地表现自己。

品酒小贴士：

• 在鉴赏葡萄酒颜色的时候，我们需要一个白色的表面做背景。

• 在专业品酒会上，请不要吸烟，也不要使用香水等味道强烈的东西。

• 无论在什么环境下，你都会发觉在没有其他气味干扰的情况下，品酒也来得容易些。但在社交场合，你或许会做出决定，为了能够喷洒袭人的香水，或惬意地抽着自己钟爱的烟草，而去牺牲灰品诺那短暂的香气。

潜在的捣乱分子

在举起"严禁吸烟"的牌子来约束其他人的行为之前,请你务必先以身作则。比起周围环境来说,在你嘴巴里发生的一切更为重要。

在你开始品酒之前,先想想自己刚才都吃过什么、喝过什么。绝大多数的牙膏会让一切酸度高的东西尝起来都很糟糕。用薄荷味的牙膏刷完牙,然后不到一个小时就去品尝一瓶上等的葡萄酒,这简直是在犯罪。有些味道重的喉糖、止咳糖浆、薄荷糖还有口香糖,都会在嘴里留下痕迹,使品酒变得困难。还有,享用过任何有甜度、酸度或者丹宁酸成分很高的食物或饮品之后没多久就去品尝葡萄酒的话,想要正确评估这瓶酒也会很困难,因为甜、酸、丹宁都是酒里的基本成分,如果在品酒前食用过多,舌头会变得麻木,从而对这几种味道变得不敏感,像巧克力、味道辛辣的沙拉,甚至看上去完全无害的一杯茶水,也能在嘴里留下深刻的印象。

去除嘴里这些难对付的味道,最简单的办法就是嚼一些吸收性强且味道清淡的东西,例如面包,或者用清水漱口,不过我认为面包更有效。我曾是一个品酒组织的会员,我们早上8点就汇合。这个时间看起来似乎是对白天要工作、晚上要学习的人的最佳选择,至少我认为是这个原因。可是牙膏带来的不便马上就显现出来了,因此我刷牙的时候就不用牙膏,而是试着用不同的漱口水,看哪种带来的影响最小,结果还算有些成效。

除了要保持口腔内部的良好状态以外,我们的大脑最好也能为品酒做好准备。令人惊异的是,一个人的味觉能力在很大程度上会受到心情的影响。我知道我在专业品酒会上的注意力取决于当天的天气、我的身体状况,还有我生活中的琐琐碎碎。像我以上所说的,我觉得稍稍的饥饿感能使你在葡萄酒鉴赏时更胜一筹。当然,你也要既敏捷又悠闲,就好像处身在自己的小世界里,这样才能把注意力集中在自己手中的酒上。

不过,无论你品酒是出于什么目的——辨认、评估或者单纯的享受,你都会发现,其实周围的人才是最让你分心的。品酒这件事本身就非常主观化,就算那些经验老到的品酒人士有时也会很主观,他们自信满满的一个意见可以改变一屋子人的看法。面对任何葡萄酒,你最开始时聚精会神地嗅到的第一印象是最重要的,请给自己一些时间去记录下自己的反应。如果你觉

葡萄酒常常能使美食尝上去更加可口。

得是波尔多，但是这时有人对你说，"这绝对是勃艮第，对吧？"不要让这句话说服你试图在这杯酒中寻找到勃艮第的香气。无论其他的品酒者是多么渊博，这也不意味着他们的意见会比你的更准确。依我个人的经验，盲品时常常是那些初学者能够得出准确的结果。老手们由于经验丰富，所以常常被各种各样微不足道的线索所迷惑。而且新手也不会像老手那样受行话和规矩的约束，所以更有可能去生动地描述一种香味。

日常生活中的味道

试着在刚用完或者吃完以下几样东西后马上喝葡萄酒，看看会是什么感觉：

牙膏 (可以使果汁变得糟糕透顶)

止咳药水、糖浆、水果糖或者喉糖

超强薄荷糖

口香糖

巧克力

醋

茶

以上每种东西在嘴里留下的感觉都不一样，通常舌头受到这些味道的强烈刺激后就只能接受部分信息了，所以在这个时候舌头是不能对葡萄酒做出正确评估的，更别说从中得到享受了。虽然醋可能会好一点，比如说它可以使酸度很高的酒尝起来并没有那么酸，因为舌头上品尝酸味的味蕾已经受到醋的刺激，从而变得麻木。关于更多食物和葡萄酒的搭配，请参看第六章的专门介绍。

不打无准备之仗

琢磨出一种适合自己的清理口腔的方法。这样你就不用总是试图去避免吃某种食物，而且当别人递给你葡萄酒的时候，你也不必担心口中的"异味"会左右你品酒的感受。

放松精神

如果你预计到自己的味觉和判断力实在无法从那些诸如天气还有电话账单之类的日常琐碎中解脱出来，可以试着做一些简单的练习。

如果正值寒冬，回想一款你在某个夏天特别喜欢的葡萄酒，也许是一瓶极其轻盈冰爽的桃红葡萄酒，也许是一瓶清爽提神的长相思，只要是能让你回忆起在暖阳下品尝它们的感觉。在下一个大冷天再尝尝上面的同一种葡萄酒，是不是口感有些稀薄、有些不饱满？

如果正好相反，你正被热浪侵袭，品尝同一款在上个冬日给你带来极大享受的、口味丰富的红葡萄酒将是很好的选择。那时如此令人满足的席拉子或是仙芬黛，在暖日里则明显地变得有些蛮横、酒精度高得过头了。

试着一开始只用30秒钟来品尝一种葡萄酒。在这30秒内，你的耳朵被象征性地堵住了，不会受到周遭环境和人们谈话的干扰，最好连别人对这种葡萄酒的评论也充耳不闻。

适当的温度

按照惯例，白葡萄酒和桃红葡萄酒应当冰镇后饮用，红葡萄的温度可以高一些，大约在室温就可以了。值得注意的是，这仅仅是个惯例，只有灵活运用才能给你品味葡萄酒带来更多的乐趣。

一般来讲，葡萄酒的温度越高，散发出的挥发性物质就越多，闻上去香气也就越浓。但是关于这一点是有上线的，温度并不是越高越好。一些餐馆老板认为有点温度是件好事，而且多多益善，但是它对于葡萄酒却是行不通的。红葡萄酒不能太热，大概24℃（华氏75度）就会慢慢醋化，而且这个变化是不可逆的。如果你想最大程度地感受任何葡萄酒的香气，无论是红的、白的、还是桃红的，你都应当将酒的温度控制在15℃－18℃（华氏60到65度）之间。

还有一个因素要考虑在内，我们珍惜葡萄酒给我们带来的清爽感，当然还有它那让我们垂涎欲滴的香气。就像喜欢冰冻软饮料给我们带来的清爽一样，我们也会去冰镇用来提神的开胃酒。但是这种习惯不知怎么回事居然被沿用到所有的白葡萄酒身上了，甚至连用来与鱼搭配的酒体饱满的勃艮第白葡萄酒也不例外。

那么，究竟是什么决定着一瓶葡萄酒的香气是否会受到冷却的影响呢？事实上，不是看它是白葡萄酒还是红葡萄酒，而是取决于它的酒体。酒体越饱满的葡萄酒，为了能够让酒中有气味的成分挥发出去并形成香气，就需要较高的温度。酒体越轻盈的葡萄酒，酒中挥发性物质就越容易发散出去，即使是在温度很低的情况下也是这样，因此这种酒可以冷却到较低的温度。由于白葡萄酒的酒体与红葡萄酒相比较轻，所以按照惯例，冷冻白葡萄酒效果都不错，但是也有一些例外。酒体饱满的白葡萄酒，除了口感非常稀松的霞多丽以外，像维欧尼、赛美蓉、著名的勃艮第白葡萄酒、法国隆河谷的白葡萄酒，以及大部分产自温暖气候的厚重的白葡萄酒，过分的冷却从品酒的角度来说都是极具破坏性的。相反，酒体轻的红葡萄酒，像一般的黑品诺、博若莱、法国卢瓦尔河地区的红葡萄酒、很多早熟的勃艮第红葡萄酒，还有意大利北部产区的红葡萄酒，稍加冰镇后却能变得十分冰爽迷人。

让香气最佳化

任意选一种红葡萄酒和一种白葡萄酒，无论多普通都可以。每种酒倒两杯，然后用保鲜膜将这四杯酒都罩起来，以防酒香流失。将一杯红葡萄酒和一杯白葡萄酒放到冰箱里大约30分钟，另外两杯就放在室内。然后比较这两组酒，先尝白的再尝红的。当你把保鲜膜去掉的时候，你会发现温度较高的两杯酒香气比较浓郁，而且酸度和丹宁也不会那么明显。

什么时候需要冷藏?

下次你和食物一起享用冰镇葡萄酒的时候，试着找出这份凉爽到底给你的品酒带来了什么好处。当你将食物和酒一同送入嘴里，很快，大概10秒钟，它们都会升温，从7℃到25℃ (华氏45到75度)，慢慢向你的体温靠拢。你很享受冰镇的葡萄酒所带来的清凉感吗? 还是你只是习惯把所有的饮料都扔进冰箱? 还记得本书第一章讲述的盲品练习吗? 如

果你发现，当你被蒙上眼睛来品尝葡萄酒时，你都很难分辨是红葡萄酒还是白葡萄酒，那么享用它们的时候为什么还要用不同的温度呢?

现在来做个小实验，在不同的酒温下品尝不同的葡萄酒，然后找出既适合酒也适合你的温度。当然，如果你喝酒只是图个爽快，而不是竭力要闻出葡萄酒中所有的香气，那么酒的温度就可以稍低一些。在你享用一瓶酒体丰满的白葡萄酒时，试着将待酒的温度慢慢地一点一点地提高。如果这瓶酒质量不错，你会发现，温度稍高一些会使它品尝上去更加美味; 相反，如果它很普通，那它的缺点在温度稍高的情况下就会表露无遗，等到你下次买葡萄酒的时候，可能就不会再考虑它了。试着饮用一瓶经过轻微冰镇的酒体较轻或是丹宁含量较低的红葡萄酒，你会发现，由于温度比前面介绍的最佳饮用温度稍低了一些，它也能变成廉价爽口的开胃酒，就如同那些聪明的餐厅将博若莱也稍加冰冻一样。

实践要点

最佳饮用温度之所以存在，有一部分是因为一定的热度可以减弱我们对丹宁、酸度和硫化物的敏感度。这就是为什么降温后丹宁含量高的红葡萄酒尝起来质感会很粗糙、甜葡萄酒也会不那么甜的原因。菲利浦·德·罗思柴尔德男爵 (Baron Philippe de Rothschild) 有个古怪的习惯，就是通常将伊甘堡 (Château d'Yquem) 的葡萄酒冻得都有冰碴儿了，然后再和甜

点一起享用。这个习惯剥夺了他享受伊甘那美妙酒香的权利，就像很多过分热心的侍者一样，他们总是将白葡萄酒长期储藏在4℃（华氏40度）以下，从而大大埋没了这些葡萄酒的魅力。

相反，如果你有一瓶糟糕透顶的白葡萄酒，最好的掩饰方法就是冰镇以后再喝。而如果你想尽可能多地感受一瓶葡萄酒的特征，无论好坏，则最佳温度是在10℃-13℃（华氏50到55度）之间，俗称酒窖温度。红葡萄酒的温度可以比酒窖温度高一些，不过你也可以用手握住酒杯为其加温。一旦开瓶后，葡萄酒的温度就会自然而然地慢慢升高，大约以每3分钟升高一度的速度逐渐接近室温。入杯后，葡萄酒马上会因周遭人群散发出的热气而更加迅速地升温。所以你不必担心自己是否过分冷却了即将享用的葡萄酒，只要牢记自己要有耐心等到酒达到最佳温度时再饮用，这样才能展现出葡萄酒真正的滋味。

同样值得指出的是，只要葡萄酒进入口腔，它就必然会升温。有实验显示，即使久冻之后的葡萄酒在嘴里也会马上解冻，不过到那时就太迟了，你将无法完美地体验到葡萄酒的香气所能够带给你的享受。

在需要快速冷却葡萄酒时，水和冰的混合物比仅仅只有冰块要有效得多，因为冰块只能接触到酒瓶表面的一小部分。

储藏与侍酒

你可以自己琢磨出一套葡萄酒适饮温度的方法，但是以下几条通用的法则还是要遵守的：

将葡萄酒保存在凉爽的房间或者酒窖内，那里的温度不要因为朝夕变化或者季节交替而产生大的浮动。理想的酒窖温度是10℃（华氏50度），不过也有研究显示，将葡萄酒长时间置放在温度较高的环境里对酒的质量并没有太大影响，反而是保持恒温更重要。

就品酒而言，大部分葡萄酒从10℃的酒窖中取出来就可以饮用了。白葡萄酒在这个温度下可以完全展现自己的特色，而红葡萄酒在品酒者的手中暖和一下，也马上可以达到最佳温度。

有些葡萄酒就得再冰镇一下，比如说香槟和其他起泡酒，温度要比10℃低得多才能享受到起泡酒清爽的一面。你可以把酒放在冷藏格里大

约一个小时，这取决于你冰箱的功率。如果临时需要，也可以将葡萄酒放在冰盒里，或是直接放进冰箱的冷冻层，这样大概20分钟就足够了。这种应急方法可以让酒急速降温，与将酒浸在冰桶中的标准方法相比，至今我还没发现这种急冻方法会给葡萄酒的香气造成什么伤害。顺便一提，冰水混合比只是冰块要有效，因为酒瓶的表面都能与冰水接触到。如果不介意美观与否的话，那么冻好的、贴身的葡萄酒冰袋也可以代替冰桶达到同样的效果。

将葡萄酒长期储存在某个地方时，请确定温度要保持均衡。

醒酒：至关重要还是多此一举？

对于葡萄酒的最佳饮用温度，虽然至今还是有一些争论，但大部分人还是无可非议地继续延用着被大众所认可的经验。相反，对于是否应该醒酒的争论正进行得如火如荼，大家也可以藉着本书的学习过程中所观察到的实例来发表自己的看法。

醒酒，又称滗酒、换瓶。这一传统的形成，最初是因为在很久以前，葡萄酒需要从酒窖的木桶中装到酒壶里才能供大家享用；后来则是因为酿酒师会在酒瓶中留下一些沉淀物，因此将葡萄酒倒入醒酒器 (decanter) 中使其与沉淀物分开就成为很自然的事情，否则我们在品酒时会咀嚼到那些沉淀物。如今将那些有很多沉淀物的葡萄酒滗一下也是很正常的事情，当然前提是这些葡萄酒能够忍受得住醒酒的过程。一些十分陈年的葡萄酒和一些香气很淡的葡萄酒，如果它们不得不经历两次相对猛烈的倒酒过程，这些葡萄酒很可能就会失去它们的酒香。这和之前提到过的试图在户外享用葡萄酒有差不多同样的危险。葡萄酒和过量的空气是不可能创造出什么美妙的结合物的。

关于醒酒的争论是以葡萄酒与空气接触后到底是否对酒有益这个问题为中心而展开的。有很长一段时间，大家都认为葡萄酒的陈年其实纯粹就是一个缓慢的氧化过程，原本在装瓶时就封在酒瓶内的少量空气，和那些通过酒塞慢慢进入瓶中的空气，它们逐渐与葡萄酒发生反应，并使其变得更加复杂，更加多元化。因此，很多人认为如果将葡萄酒从酒瓶中转移到另一个容器里，比如说醒酒器，酒将会与大量空气接触，从而可以把陈年的过程缩短到只有短短的几分钟，酒香也会因此变得更有活力。

以上这个观点至今仍然是被广泛认可的，但是许多专家都做过比较品尝的试验，将同一种葡萄酒开瓶并醒酒不同的时间后分别品尝，得到的结果却并不支持上述的观点。此外，一些权威人士还认为与空气的接触对葡萄酒来说只是有害的，因为将酒暴露在空气中，它微妙的酒香很可能就会消散不见了，尤其是酒体轻盈的黑品诺更是如此。此外，他们还认为氧气与酒之间有趣的化学反应太过复杂，因此不可能在那么短的时间内完成。就算以上都成立，他们还是认为醒酒过程会使葡萄酒氧化得过快，从而使葡萄酒的质量受到损害。

醒酒的目的就是将沉淀物留在瓶中，而将清澈的葡萄酒
倒入醒酒器中，蜡烛和强光都会是你的好帮手。

很多普通的葡萄酒消费者都称有一些酒，尤其是那些廉价的红葡萄酒，开瓶后并不需要醒酒，而只是简单地让它"呼吸"几个小时的空气，味道就会变得比较好。事实上，这或许与醒酒一点关系也没有。因为这样做的话，毕竟葡萄酒和空气接触的面积太小，只有窄窄的瓶口那一小块区域，所以只有一小部分酒有可能与氧气发生了反应。导致味道改善的一个更加可靠的解释应该是：廉价的葡萄酒在酒的表面与酒塞之间可能存在一些奇怪的气味，开瓶后的这个"呼吸"过程使这些气味消散在周遭的空气中了，当然这种情况在技术完善的今天，发生的几率是越来越少。

醒酒，或者将装满一半酒瓶的葡萄酒开瓶放一段时间，这会有使葡萄酒酒香消散的潜在危险，但有时这确实也有好处。有些葡萄酒，尤其是那些酒体饱满的红葡萄酒，它们在年轻时香气会过于浓烈。醒酒这个过程不会让它们演变出额外的香气，但却能够让它们丢掉一些年轻时的张扬，并且慢慢成熟到醇香美味的中年。这一点对于醇厚的加利福尼亚、澳大利亚、意大利和黎巴嫩产的红葡萄酒来说尤其正确，这也包括来自西班牙和法国隆河地区的那些不寻常的、乡土味极浓的葡萄酒。

是否需要醒酒？

比较可靠的办法就是，为了除去葡萄酒中的沉淀物，或者想呈现一个美观的醒酒器时，你可以滗一瓶不超过20岁的精力旺盛的葡萄酒；否则不用对醒酒这个事情太过热忱。当我需要招待客人的时候，我通常都会在他们到达之前才开始对那些有沉淀物的葡萄酒进行醒酒，这纯粹是出于务实的原因。不过，如果葡萄酒有些年头（比如已经超过20岁），并且品质十分细腻的话，我会在即将饮用前才会去醒酒。如果你将葡萄酒倒进酒杯后才发现酒的结构确实十分"紧绷"、与空气再接触一下会更美妙的话，那么简单的摇杯就可以达到目的，有时这甚至比醒酒过程更加有效。

真的有区别吗？

这是一个选修练习，如果你某天想找麻烦的话，可以试一下这个练习，也算是为我们所知道的葡萄酒和空气间的关系做点贡献。你需要打开好几瓶葡萄酒才能完成这个练习，所以最好是选一个你要请客的日子。选几种你喜欢的葡萄酒，只要是费用上能承担得起，当然越多越好，不过有时候一种也行。按逻辑应当选一种你通常会认为需要醒酒的酒，也许是一瓶非常廉价的红葡萄酒，亦或是一瓶比较贵的年轻的红葡萄酒。你选中的每一样酒恐怕都需要三瓶。在计划品尝之前3小时，打开其中一瓶，并把酒滗到醒酒器中，或者一个干净的空酒瓶里。2个小时后，也就是品尝前的1个小时，打开第二瓶，让它静静地"呼吸"空气。最后在准备做练习时打开第三瓶酒。现在，请那些从一开始就在不辞辛苦地给你帮忙的善良朋友为你侍酒，让你在类似于盲品（不知道顺序）的状况下品尝这些酒。看看你是否能够察觉这三种不同的处理方式对葡萄酒都有些什么影响。这个实验可以有无穷的变化，包括不同的葡萄酒、不同的时间段以及各种各样不同的醒酒器，比如类似广口的容器，像玻璃罐那样的，与细颈的容器相比，它可以让葡萄酒接触到更多的空气。

剩余的葡萄酒

我们每次享受葡萄酒，并不一定总是能够正好喝完一瓶、两瓶或者几瓶葡萄酒，因此商家才会销售那些大容量的经济装。

如果葡萄酒还剩下一部分，瓶子里的空气会加速其氧化的速度。酒体越轻，氧化的速度越快。不过前面也讲过，一些酒体超级丰满的葡萄酒，有时透透气也是有益的。

这本书包括了大量的比较练习，比较的品种越多，我们学到的也就越多。同时这也带来了很多剩余的葡萄酒，你肯定也想能够把它们留下来以后再喝。千万不要绝望，如果保存得当，一瓶开封的葡萄酒可以坚持好几个星期，只要把瓶口封严实，并存放在温度较低的地方。相反，如果瓶口没有封紧，储存的温度不够低，那么这瓶酒很快就会变质。

对此的解决方案是保留一些以前用过的小酒瓶，最好各种容积的都有，我们可以用这些小酒瓶来装喝剩的葡萄酒。375毫升的，那些在飞机上提供的187毫升的，还有用来装甜酒的500毫升的瓶子都很好用。将剩余的葡萄酒装满大小合适的小瓶，然后用酒塞封好。虽然转移过程中这些酒会失去其原有的清新感，但应该依然还算可口。

温度越高，化学反应速度就越快，所以请将剩余的葡萄酒放在冰箱中冷却。

酒杯的选择

用什么样的容器来品尝葡萄酒,比葡萄酒确切的饮用温度更重要,也肯定比是否需要醒酒更为重要。

金属器皿、陶器、高脚杯,这些器具放在架子上看起来可能都会很漂亮,但是如果你想从葡萄酒中获得最大的享受,那还是请你把它们留在架子上吧。玻璃才是最理想的材料,因为它没有味道,而且不会对杯中的液体强加任何温度。如果需要的话,你也可以用手捧住酒杯将酒变暖,而且在尽情享受葡萄酒的同时,你也可以欣赏其优雅的颜色。

我们已经知道,轻摇酒杯可以使杯中的葡萄酒释放出自己的香气,这一点很重要,这也是为什么葡萄酒杯需要杯茎的原因。一个有杯茎的玻璃杯可以很轻易地被旋转起来,而且也不会给杯中的葡萄酒加温。你会很希望酒的香气被聚集在葡萄酒表面上方的空间内,因此酒杯最理想的形状就是向杯口方向渐渐收小。只要保证只斟半杯酒,就不用担心摇杯时会将宝贵的葡萄酒溅出来,而且这样做的话,酒面到杯口也有足够的空间聚集酒的香气。因此,最好的酒杯应该是郁金香形,或者近乎球的形状,并带有一个杯茎。不建议用有色玻璃杯,因为它会掩藏葡萄酒的颜色。雕花水晶杯也因为同样的原因而不适合品酒,而且它很笨重,不易摇杯,虽然它是玻璃制造业的骄傲。根据专业品酒师的经验,用来品酒的杯子最好不要成倒梯形,否则你是无法完全体会到葡萄酒在嗅觉上带给你的冲击。

请记住,你不需要倒出很多葡萄酒才能真正品尝到它。葡萄酒最重要的香气都是从表面散发出来的,而不是取决于深度。在8盎司的酒杯中倒大约1英寸高的酒就足够用来品尝了。与品酒不同,一瓶750毫升的酒大约能够倒6至8杯来供人享用,但要是作为品酒用的样酒,你则可以轻而易举地倒出20杯用来品尝。

你并不需要为每种不同的葡萄酒都准备相应的杯子。大概拥有一两种前面介绍的酒杯就足够用来品酒了,不过在享用像波特或者雪莉这种强劲的加烈酒的时候,你可能需要少斟一些。任何一位对某种酒杯有固执的个人偏爱的葡萄酒专家,在面对起泡酒和香槟酒的时候也不得不有所屈服。被公认的起泡酒杯外形应该高挑并且纤细,只留有很小的空间让二氧化氮尽可能少地溜走,杯子不能像碟子一样浅,否则起泡酒的气泡就会消散得很快。不过标准酒杯也可用来品尝起泡酒，只是这时鼻子的享受要远远大于口腔对气泡的享受。

薄而且精致的玻璃酒杯对于品酒来说是没有必要的，虽然这样的杯子可以给品酒的愉悦性加分。极致的玻璃杯是用上乘的薄玻璃制成，可以让你和酒零距离接触。令人吃惊的是，如果玻璃杯品质高档，反而比那些质地粗糙、杯壁厚的玻璃杯更坚固、不易碎。

其他容器

试着用下列容器来品尝葡萄酒，用心体会葡萄酒在这些容器里的味道有什么不对劲的地方。这在一定程度上是否由于你在品尝前无法看到葡萄酒所引起的呢？

陶瓷茶杯、瓦罐、扎啤杯、银制高脚杯、塑料广口杯或纸杯。说来也奇怪，纸杯在这些容器里面是对葡萄酒香气影响最小的。

试着摇晃一个没有柄的玻璃杯中的葡萄酒，你会觉得这种杯子其实很难使用，而且很容易就会将酒溅出来。

正确的杯形

尽你所能地集合一批形状不同的玻璃杯，然后等量一一倒入同一种葡萄酒。拿起杯子，轻轻摇动，然后立即仔细地嗅一下。就像这样，摇、嗅、摇、嗅……直到将每个杯子都试一遍。注意：在那些形状有助于香气挥发出来的玻璃杯中（广口杯），葡萄酒的酒体会变轻，酒的香气会变得难以捉摸。相反，酒香在那些开口较小、比较容易留住气味的杯子里，则会显得比较浓烈。有一种由法国国家法定产区管制局(INAO)设计的品酒杯，但是质量参差不齐。设计制造外形简约、细致、外壁通透纤薄的玻璃杯的行家，包括奥地利的力多（Riedel），他们设计并制作了一系列特殊形状的酒杯来辉映不同的葡萄酒；还有德国的肖特（Schott）和诗杯客（Spiegelau）。这些酒杯都是设计者根据对品酒者味觉的精心考量而设计完成的。

所有这些杯子对品尝葡萄酒来说都没有任何问题，
如果是起泡酒的话，请选用最左边的那款杯子。

请谨慎地清洗和保存玻璃杯。为了洗掉玻璃杯上的油渍，你可能会用些
洗洁精，但是之后一定要将杯子用清水仔细冲洗。洗洁精的味道对品质优良
的葡萄酒来说一点好处也没有，而且残留的洗洁精会严重破坏起泡酒的气
泡。我都是用洗碗机清洗自己最好的酒杯。我还发现不同的洗洁精冲洗后
的残留量差别相当大，不知出于什么原因，感觉粉状的洗洁精似乎比液态的
要好。为了证明这一点，下次你享用起泡酒时可以拿两个玻璃杯来比较一下，
一个是彻底清洗干净的，一个是还残留有一些洗洁精的，比较气泡的密度
和上升的速度。你会发现，气泡在有洗洁精残留物的杯子里是多么地一蹶不
振。还有，请不要将酒杯倒置着存放，否则杯子就会有某种不新鲜的味道，
而且要将杯子放在干净的橱柜或者纸盒里。

THEORY

葡萄酒与文字

为了比较、讨论并记住品尝过的葡萄酒，我们需要一种方式来记录和表达我们对这些葡萄酒的印象。

如果我们只是想对自己表达对某种葡萄酒的看法，比如愉快的叫喊或者厌恶的呻吟这样的词汇就足够了，但这并不会特别有帮助。如今，已经有越来越多的人开始用分数或者等级来评价葡萄酒，一般会以20分或者满分100分来计算；或者用字母，有时也用几颗星来表示；还有一些品酒者会试着画曲线图来描述他们对葡萄酒的印象。

上面这张曲线图描绘出一种"虎头蛇尾"的葡萄酒：开始时味道很棒，回味却很让人失望。

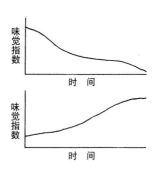

而下面这张图则描述了一种闻起来没什么香气，但是在嘴巴里味道却很浓郁的葡萄酒。

以上提到的例如曲线、分数和字母，无论单独使用还是结合起来做出评价，都是不错的表达方式，但是上述所有这些方法相比起能够对葡萄酒的味道、风格等做出综合表达的文字形式来讲，还是略显不足。在本书最后附有一个词汇表，罗列了一些常见的品酒术语，当然你也可以发明一些能够描述你自己的某种感觉的词汇。在这个词汇表里，最有用的应该算是常见葡萄种类的提示词了。一旦你能够找到这些提示词，你以后的盲品之路一定会是一帆风顺。在我品酒早期，我发现有时候我会用黑醋栗作为波尔多葡萄赤霞珠的提示词，用覆盆子作为勃艮第黑品诺的提示词，但是我至今还在寻找一个词，可以让我概括出对用席拉酿制的埃米塔吉的所有印象。有人主动告诉我，他们用烧焦的橡胶来形容席拉，这还真是比较贴切，但是这个词只能用于产在气候较冷地区的席拉身上，像巴罗萨的席拉子就不行。我之所以举这个例子，就是要鼓励你，在寻找能与一种特殊香气相匹配的词汇时，就算遇到困难也要坚持不懈。无论这些词听起来有多么荒谬，只要对你自己有效果就可以。

做记录

请养成做品酒笔记的习惯，将自己对刚刚品尝过的葡萄酒的印象尽快地写下来，在现场最好，或许也可以等到你回家以后。

使用提示词

先试着形成你自己对不同葡萄品种所特有的提示词，之后再解决葡萄酒其他更复杂的方面。本书的后面部分会提供很多特定的例子来帮助你。但是，如果你实在不知道如何形容某个香气，最好的办法就是阅读你以往的品酒笔记，看看是否有什么词汇能和这种气味联系起来。

品酒笔记

学习辨别葡萄酒味道的最简单的方法就是为自己品过的酒做笔记，努力把自己喝过的葡萄酒都记录下来。当你知道自己要描述某种葡萄酒时，你会下意识地集中精力，在以后对比葡萄酒时，这些笔记将会为你积累提供宝贵的经验。至于你如何持续用功做笔记这个习惯，就完全取决于你对葡萄酒的热情有多少了。朋友邀请我共进晚餐时我是不会每次都做笔记的，但是我认识的几位专业人士就会做品酒笔记。他们的亲戚朋友有时可能会后悔邀请了他们，但他们自己从来没有为此后悔过，而且他们的出版商也十分喜欢这一点。选择正确的词汇去形容葡萄酒是非常困难的，这一点在第一章"捕捉葡萄酒的香气"一节中提到过。如果你品酒的次数和形式都比较有规律，比如说大都在家里或者偶尔和志同道合的朋友出去的话，你可以把笔记都记在一个本子里。只要你坚持品酒，并试图去接触各式各样的葡萄酒，终有一天你会发现，你记录品酒经历的这些笔记是多么有价值。活页夹则对那些四处品酒的人很有用，而对于那些时间充裕的葡萄酒爱好者，现在也有一些软件允许他们把笔记都输入到电脑里，这样也更方便以后的查找和对照。"让我看看，上次我喝蒙达维 (Mondavi) 酒厂生产的赤霞珠是什么时候来着？"

保持干净整齐的记录

品酒记录里最重要的一项是葡萄酒的身家背景。要确保你最终把葡萄酒的名字、年份、酒庄和其他信息都记录下来，哪怕是在盲品会上。除非你把这些都记下来，否则东一点西一点的零散描述对任何人都没有用。如果你要组织品酒会，请提前为朋友们准备好一些用来填写葡萄酒信息的表格，这会帮到你大忙。

请务必在纸上为每种葡萄酒留有足够的记录空间。完整的品酒记录包含我们所有感官对于葡萄酒的描写，通常分为以下几类：外观、香味、口感和总结。刚开始时，请记得越详细越好，不要嫌啰嗦，这样你可以建立起对每个葡萄品种特点的认识。等你更有经验以后，你可以忽略那些你已经熟知的并且没有独特之处的方面。

葡萄酒会随着它的年龄而改变，所以要在你的笔记上写下品酒日期。当要总结某种葡萄酒时，请同时考虑一下它的成熟度，像红葡萄酒的丹宁含量，白葡萄酒的酸度，都是可靠的指标。本章最后部分将有更多关于如何评估葡萄酒的内容。

我的品酒笔记的潦草程度是小有名气的，不过它们都是我工作生涯的记录。

吐酒的高尚艺术

令人心碎的事实是，我们的咽喉并没有味觉功能，所以你在品酒时不必非要将葡萄酒咽下去。

事实上，你喝下去的酒越少，你对酒的感知就越清楚，不会因为酒精而受到影响，这样品酒的效果也会更好。你也许会认为，只有将葡萄酒咽到肚子里才能感觉到它的余味，但是将酒咽下去并不能感觉到味道，而只是一种感受，只是乙醇那简单的、一点也不微妙的作用。如果你每次在细细品味过葡萄酒以后都将酒吐出来，你会惊喜地发现，你的品酒笔记会是多么地清晰整齐。

我并不是要求你在社交娱乐场合也要吐酒。其实，对我来讲把好酒吐掉也会感到可惜，我想你也一样。尽管如此，在一些情况下吐酒还是明智的选择：如果你品酒之后还要驾车，或者还有其他约会时，保持清醒是非常重要的；还有就是当你要品尝相当数量的葡萄酒时，比如多于6种葡萄酒；也包括当你在品尝那些非常年轻、不会给你太多享受的葡萄酒的时候。

摒弃在公共场合下吐酒的禁令是品酒的新新人类应该做的第一件事。虽然令人伤心，但还是不能否认，葡萄酒这种令人痴迷、愉快的液体还是存在酒精这个危险成分。当你知道吐酒是有道理的，你就不应该再感到羞耻，而是每次都自豪地将酒吐出。你可能会把吐酒和一些衣衫褴褛、随地吐痰的行为联系起来，但是葡萄酒人已经把这门艺术完美到了极至。"自豪地吐酒"也许应该就是品酒者的座右铭。风度翩翩的吐酒是有力度的，能让吐出的葡萄酒形成一条美丽的弧线，然后准确无误地落在池子的最中央，而不会漏出一滴。

随便找一个罐子或者瓶子，插一个广口漏斗，就可以变成一个吐酒瓶，为了避免酒溅出来，可以在瓶底放一些能吸收水分的东西，比如说报纸或者木屑。那种用来装酒的木箱也可以，只需要在底下铺一些木屑。当然，吐酒池最好还是要通水，这样可以冲掉那些不雅的残液。如果你可以在水池边品酒的话，这就再简单不过了。还有就是在吐酒池下面和它的周围要铺上塑料布，以免溅出来的葡萄酒染到桌面或者地面。

先品尝后吐出

喝一口葡萄酒，按照书中介绍的方法细细品味，体会它给你的口腔及大脑带来的感觉，然后将酒吐出。比较一下，将酒咽下去和将酒吐出来会有什么不同的感受，味道上真的会有区别吗？好了，将酒咽下去也许会在你口腔后部留下更多的挥发物，而它们会被传到鼻后嗅觉通道内，不过这种差别是很微小的。请注意，就算将酒吐出，你还是能非常完整地体验到葡萄酒的回味。

信心十足地吐酒

在水池边反复练习将葡萄酒优雅地吐出。每次都要很用力，撅起嘴，并对着水池的位置送气。不要担心会发出声音，这都是正常的。

一点忠告

就算你每次都小心翼翼地将嘴里的葡萄酒吐出，你还是不能避免受到酒精的影响。不管怎样，挥发性的酒精会顺着口腔爬到你的鼻子和鼻后嗅觉通道，因此你还是会有一点晕晕乎乎的感觉。而且大部分时候，你其实很难把嘴里的葡萄酒吐得一干二净，总还是会喝下去一些，而这些酒精会使我们对酒的认知产生误差。我的经验是，尽管我每次都努力地想将葡萄酒完全吐出，但是我每品30种酒，大概最后还是会喝进去一杯左右的葡萄酒。

我正在得意并且整洁地吐酒。

正式品酒会

这节将简要地讲述正式品酒会的步骤和形式,如果你以后被邀请去参加,亦或想自己组织一个特别时髦的品酒会的时候,你就知道要做些什么了。

品酒会上有时会展出上百种葡萄酒,不过一般不会有人把它们都尝个遍。每一种葡萄酒都摆放在铺有白色桌布的长桌上。如果组织者非常细心周到的话,桌子和桌子之间应当有足够的空间供品酒者来回走动。吐酒池也应该摆放在合理的位置上。有好多次我几乎在整个品酒会上都一直鼓着嘴从人群这头挤到唯一一个摆在墙角的吐酒池那里。最好也有供大家涮洗杯子和漱口的清水,还有可食用的"吸水纸",就是味道很淡的咸饼干。像法国棍子面包这种味道很淡又很结实的面包,既可以帮你清除葡萄酒留在你嘴里的残味,也可以帮你稍微填填肚子,因为葡萄酒会大大吊起人们的食欲。有时候硬奶酪可以衬托葡萄酒,但有时也会带来负面影响。

品酒顺序

在多数情况下,在餐桌上也不例外,葡萄酒是按照一定的传统顺序来招待人们品尝的,这个顺序基本上是合理的。概括来讲就是:先白后红,先干后甜,先少后老。先白后红指的是酒体轻的葡萄酒应该在酒体饱满的葡萄酒之前饮用,这样轻的酒就不会因为酒体不如之前的饱满而被淹没;这也跟葡萄酒的饮用温度有关,白葡萄酒的最佳温度比红葡萄酒要低,而我们应该先冷后热。那么同样,干酒如果在甜酒之后饮用就会处于十分不利的状况,因为当你的味蕾被糖分所遮盖的时候,你就很难准确地品尝干酒。不过也有例外,法国人几乎都是先招待甜的开胃酒,但问题似乎并没有那么严重。大致来讲,葡萄酒越陈年就越迷人,所以陈年酒应该留到品酒会最后的高潮时刻来享用。当然,这只是对好酒而言,千万别试图去陈年一瓶劣等廉价的葡萄酒。

然而,还是有两个好理由可以让我们稍微忽略一下先少后老的原则。其一是如果你打算招待很多种葡萄酒,由于环境嘈杂,你想在大家都还清醒的时候突出展示你最精美的一瓶酒。其二就是现今的葡萄酒酒精度越来越高,味道也越来越浓。在一些新的葡萄酒产区,葡萄酒的质量实际上每年都在不断地进步。所以,在这两种情况下,年轻葡萄酒本身的酒体和品质也可能将会盖过陈年老酒，因此先品尝陈年的再品尝年轻的也不无道理。专业人士在品尝那些最浓郁的葡萄酒，也就是年份波特酒（Vintage Port）时，通常会遵循这个规矩。

如何选酒

在酒庄或者销售商举办的品酒会上，一般都只会提供那些他们想要出售的葡萄酒。但如果你是主办者，那么你就有充分的理由采纳本书练习里讲到的一些建议。单一葡萄品种的品酒会是非常有趣的，也相对容易找到酒样，比如说来自世界各地的赤霞珠。当你品尝这些来自不同地区的赤霞珠时，你会学到许多关于这个葡萄品种以及不同产区的知识。你同样也可以选一些由同一个酒庄酿造的葡萄酒，从而试图了解每一种酒的特征以及酿酒师的风格。但是要说最让人着魔、也最知性的品酒练习，还是那些以横向或纵向品酒为基础的。横向品酒不是让你平躺在椅子上，而是和学习比较许多相同年份、风格相似却又不同的葡萄酒有关，比如说2000年的波雅克（Pauillac）产区，从而你可以比较拉图堡（Château Latour）、拉菲堡（Château Lafite）和木桐堡（Château Mouton Rothschild）在那个年份的葡萄酒，或者以低得多的价钱，比较一系列来自你最中意产区的最近年份的霞多丽。而垂直品酒则是品尝同一种葡萄酒不同年份的区别，比如X酒庄从1995到2005年的酒。

如何侍酒

在正式品酒会上，照例你会有自己的玻璃杯，每次请取适量小的样酒，在酒杯里大概有1英寸高，相当于2.5公分。品尝完以后，将剩余的葡萄酒倒入残液壶或者带有漏斗的酒瓶里，然后再开始品尝下一种酒。有时，如果葡萄酒或者酒杯数量不多，你会发现每一种酒前都只摆着一个杯子供大家共同使用。估计只有相当疯狂的传染病才有可能通过一个用葡萄酒冲洗过的酒杯传播开来，因为酒精可是非常有效的消毒剂。但是，如果大家共同使用一个杯子的话，你若是刚吸完烟或者喷了香水，那么肯定会在杯子上留下气味的。

数量

你也许会发现，每次品酒会你能够认认真真品尝的葡萄酒的数量会慢慢变得越来越多，以致达到一个饱和的顶峰状态。我会建议你，刚开始的时候一次只比较两种葡萄酒。比较两种来自不同产地的霞多丽是个很不错的起点（参考本书第三章对"霞多丽"的介绍）。不久你就会发现，你已经可以仔细并且惬意地品味3种不同的葡萄酒，而不会受到酒精的影响。

品酒会出席的人数越多，你能品尝到的酒就越多。你也许会发现自己在品尝第12种的时候达到极限。很多专业人士试图去品尝更多的酒，有时候会有近百种甚至更多。我觉得我24小时内的极限是80种，当然也要视当天的心情和环境而上下浮动，如果酒的风格非常迥异，也有可能会品尝更多的葡萄酒。

食物与葡萄酒

试着在品酒过程中咀嚼一些饼干或者面包，并且注意很少量的食物在味觉上所能带给你的影响。

当决定用什么酒来配餐时，同时也请记住前面讲过的招待葡萄酒的顺序，尤其是如果你打算服侍好几种酒。这个问题其实并不复杂，更多相关的信息，请参见本书第六章对"美酒、美食与乐趣"的专门介绍。

定向品酒

你不需要是个百万富翁才可以满足自己对定向品酒的渴望。波尔多本身十分严格的分级制度使它成为定向品酒的最佳选择之一，但是酒不一定非要是一级庄园（Premiers Crus）的，无论葡萄酒是出产于多么朴实无华的产区，你仍然能用它们来做横向品酒的练习，而且一定会让你学到很多关于某个年份的知识。你也可以用任何有年份的葡萄酒来尝试纵向品酒，不过想要找到几个不同年份的同一种葡萄酒可能要费一些精力。一般来说，销售商手头有最近两年生产的同一种酒就非常不错了，只有极少数人才能提供有足够多年份的葡萄酒来完成比较有建设性意义的纵向品酒。

国际葡萄酒大赛中使用的严实的酒袋，这样
评委就不可能知道葡萄酒的身份了。

如何盲品

虽然组织一次盲品 (blind tasting) 活动很费时费力，但是我们可以从中学到很多东西。

令人大为吃惊的是，酒标对于品酒来说扮演着多么重要的角色。如果我们知道下一瓶要品尝的葡萄酒是来自我们所喜欢的某个产区、酒庄或者年份，我们就会自然而然地对它产生好感，因此在品尝时就不能客观地衡量它。在我接触葡萄酒的初期，我用了5年时间辗转在香槟盲品中，那些莫名其妙令我失望的结果终于让我意识到，我其实并不像喜欢年轻首席法兰西 (Bollinger) 的气质和酒标一样喜欢它的味道。我在后来学到，就算是无年份的首席法兰西也需要在瓶中陈年一段时间。

知道这一点之后，你就要保证盲品时千万不能暴露葡萄酒的身份。也许这意味着你得费些功夫把要品尝的酒都转移到没有包装的瓶子里，不过对于那些细腻精致的葡萄酒来说，这个方法就不适用。我认识的一个盲品组织者就比较"残忍"，他特别喜欢把那些高贵的红葡萄酒转移到空的伊甘堡酒瓶里，要知道，这些瓶子以前可是用来装有甜味的白葡萄酒的。如果你觉得转移酒很麻烦，又有可能损坏酒的品质，就请试着使用下面练习中介绍的几种掩饰酒瓶的方法。

如果你真是对葡萄酒着了迷，那你可以把这种兴致带到你的社交生活中，比如用盲品来娱乐你的客人。把葡萄酒换到醒酒器里，或者在侍酒时自如地挡住酒标，都可以简化盲品的程序。如果大家都很有兴趣、且有准备的话，"盲品"这个猜谜游戏是非常有娱乐性的。但是它有时也可以让人变得非常痛苦，特别是当葡萄酒的主人不肯提供任何线索和鼓励时。请不要太折磨你的客人。

给酒瓶化妆

如果酒瓶都是一个形状，那么最简单的方法就是用铝箔纸把酒瓶都包起来，或者学美国人的样子，把酒装在牛皮纸袋里。你需要一些足够大的、结实的并且不透明的纸袋或者铝箔纸袋来装葡萄酒瓶，用胶带或者皮筋把袋子的边缘粘到瓶颈处，要么就将纸袋口扎紧。请记住，要将所有可能泄露葡萄酒身份的瓶盖都去掉。然后你需要给酒编号，可以写在纸袋上或者给酒瓶挂个牌子。哦，还有，如果你是用铝箔纸包酒瓶的话，包好以后再打开酒塞可能会更方便些。盲品的顺序大致是取下瓶帽、用纸袋包装、开瓶、打乱顺序、编号、品尝、惊慌，因为你可能会发现你什么都不知道。

葡萄酒游戏

莱恩·埃文斯（Len Evans）是澳大利亚葡萄酒界最直率的人了，他发明了一个让社交界更能接受的猜谜游戏。在他的选项游戏里，首先主人会问大家："这是波尔多还是勃艮第的酒？"凡是答对这个问题的人可以进行下一轮更详细的问答，"那这是梅多克/格拉夫还是圣艾美侬/波美侯？"主人可能会接着问，"这葡萄酒是产于90年代前还是90年代后啊？""范围再小一些，那到底是01年、02年、还是04年的？"最后，"这是庞马酒庄（Palmer）、迪仙酒庄（Issan）还是力士金酒庄（Lascombes）的葡萄酒？"这些问题都是很复杂的，但是就算那些对酒一窍不通的人，也非常有希望获胜。

质量评估

盲品也许还算是个高雅却并不是十分有用的技能,但是一些用来评估葡萄酒质量的指导则可以帮助你更好地享受每一瓶酒。

质量评估是非常有益的,因为价钱和品质往往并不能划等号。上等葡萄酒的价钱都不菲,不过有时便宜的也有好货。然而在另一方面,有些非常令人失望的葡萄酒卖的价钱却十分高,价钱适中的葡萄酒质量又参差不齐。所以,学会有依据地、理性地去鉴定葡萄酒的质量是十分有意义的。

用来判断葡萄酒质量最明显的两个特征是平衡和持久力,这两点在本书第一章"三个质量指标"中也提到过。一瓶相当普通的葡萄酒,比如说霞多丽或者美乐,如果是精心酿制的话,还是可以给我们带来很大的享受。在你将一口酒咽下去或者吐出来之后,请仔细体会它在口腔中的感觉、酒的香气与复杂性。一瓶上等的默尔索(Meursault)或者波美侯(Pomerol)很可能就是显著的佳酿,有更多层的香气和吸引力,不过各色各样的葡萄酒都有它闪光的阶段和亮点。我的生活中有几个时期十分幸运,可以一连好几天都会品尝到好酒。

空瓶子——所有品酒会的收场。

我当然不能说品尝好酒会像在地狱一般痛苦，但是到最后，我这个不领情的苦命之人，真是非常想要喝上一杯简单而直接的最普通的葡萄酒。品酒需要多样性，就跟我们生活中的其他事物一样。请不要仅仅因为你在葡萄酒上没有那么多预算，就以为学习葡萄酒没有什么价值。值得庆幸的是，虽然现今的葡萄酒市场最贵的和最便宜的酒之间的价钱落差是前所未有地大，但是葡萄酒的品质在这两个极端之间的差别也是前所未有地小。在任何价位上都有品质好的、或者不好的葡萄酒。

给葡萄酒打分

集中注意力来评估葡萄酒的质量，它可以帮助你在打分的同时也能够记录品酒心得。这对于能够从一堆相似的葡萄酒中选出你最钟爱的一瓶是尤其有帮助的。毕竟，非正式品酒会的首要作用之一就是让你记下那些带给你独特享受的葡萄酒，以及它们的生产商和年份。

大多数美国人以100分制度为葡萄酒打分，然而在实践中低于80分的酒是十分少见的，所以其实基本上打分的空间只有20分。而那些采用20分制度的人，一般不会给工艺上没有缺陷的葡萄酒打分低于12分或13分。20分制度通常会用到半分。

打分最常见的问题是对于那些未成熟的葡萄酒，到底是应该按照它的现状还是它的潜力来给它分数。我的品酒笔记上到处都是表示酒的成熟度的标记。你也需要发明自己的记号。同时，给那些令人愉悦、但并没有真正体现出它自身应有特色的葡萄酒打分，这也是一件既有争议而又有趣的事。

好笑的是，就算那些不是很了解葡萄酒的人，也总是会宣称他们知道自己喜欢或者不喜欢的口味，然而随着知识和经验的增长，他们往往会改变这种想法。这听上去是不是比单纯地喝酒要有趣得多？对于什么是好酒，尽管大多数专业品酒者到最后都会持有或多或少相似的理念，但是无论怎么说，品酒都是一件非常主观的事情。

祝大家品酒愉快！

第三章　白葡萄品种

了解葡萄品种

令人难以理解的是，实际上只有一种葡萄酒尝上去会有葡萄的味道，那就是由麝香 (Muscat) 或者与它有关系的品种酿造的葡萄酒。在其他所有的情况下，葡萄酒尝上去和葡萄一点都不一样，甚至和酿造它的葡萄品种也不同。

葡萄汁只有简单的水果味道，它缺乏复杂性，所以有时它的味道被称为只有"一维"。而相反，葡萄酒却有更加复杂的味道，至少是两维的，有时可能甚至是三维的。葡萄酒中会有很多层次的香气，各种各样的细微差别，不过在所有香气之后，还是应该会有葡萄原本具有的那种基本果味。

酿酒师的工作就是将原材料，也就是葡萄，转变成葡萄酒这样有趣的东西，同时还要保持它们共有的特征，那就是果味。葡萄皮尝上去会很涩口；葡萄仁被嚼碎后尝上去也有苦味。而果肉的主要成分是果汁，所以只有果肉是酿造爽口而果味鲜美的白葡萄酒的合适原材料。红葡萄酒可能会需要一些涩味或者丹宁（参见第一章对"丹宁"的介绍）。酿造白葡萄酒的第一步就是通过轻微地压碎葡萄、并使果汁流出的过程，从而去除葡萄皮和葡萄仁。葡萄被压榨得越用力，酿造出的酒就会从葡萄皮中得到越多的涩味。优良的白葡萄酒通常都是用"自流果汁"(free-run juice) 酿成的，也就是从那些被自身重量所压碎的葡萄中流出的果汁。不过现在一些酒庄重新开始使用传统的工艺，那就是特意让果汁有一段"浸皮"(skin contact)的时间，从而使葡萄酒有一些额外的香气。

葡萄酒和葡萄

闻一闻下面列出的每一种葡萄酒：麝香 (Muscat)、莫斯卡托 (Moscato)、蜜丝卡窕 (Muscatel)、蜜丝嘉 (Moscatel)、阿斯蒂 (Asti) 和莫斯卡泰乐 (Muskateller)。注意它们多么像麝香品种的果实的味道。"葡萄香味"(grapey) 应该是你品酒笔记中想到的第一个词语。给自己准备一些葡萄和一杯葡萄酒，比较它们两者之间的香气。

品尝葡萄

将葡萄皮剥下，尝一下果肉，然后咀嚼葡萄皮，再轻咬一下葡萄仁。感觉在没有果肉的情况下，后两者尝上去是多么不舒服。不过这个练习是此葡萄酒课程中罕见的不好吃的部分。

如果葡萄熟了，葡萄汁中就会含有糖分，并且可以被发酵成酒精，将甜的葡萄汁变成更干的液体，这就是葡萄酒了。这就是为何葡萄汁总是甜的原因，让它变得不甜的唯一办法就是将糖分发酵掉。

酵母是将糖分变为酒精的材料。它会天然地出现在葡萄酒产区的空气中，并聚集到一些葡萄上面。因此，在有悠久历史的葡萄园中，酵母会被自然地混到果汁中；不过人工培养的酵母也可以使用，这样做是为了更有效地控制整个发酵的过程。在完成任务之后，酵母就会消失，所以葡萄酒中很少会有"酵母味"。这些发酵后的葡萄汁就变成葡萄酒，不过就像我在下面章节中将要讲解到的那样，所有的葡萄酒在味道和香气上都会有极其非凡的差异。

琼瑶浆：最容易辨别的葡萄

琼瑶浆也许是最难发音和拼写的葡萄品种之一，而且也远远不是一种最常见的白葡萄酒。但我们还是由它而开始葡萄世界的旅程，因为到目前为止，它是最容易辨别，也是最容易在你味觉记忆里留下印象的葡萄品种。

琼瑶浆 (Gewürztraminer) 有一股冲鼻的、闻起来几乎像荔枝一般的香气，有些人觉得它使人回想起一种很难说出名字的热带水果。它确实有些异国情调，在德语里，"Gewürz"就是"香料"的意思。不过，不久之后它也许就会给人一种乏味的感觉。许多葡萄酒爱好者在喝过琼瑶浆以后，都会觉得它实在有点太鲜明，就像一瓶廉价的香水一样；但对葡萄酒初学者来说，它确实是一个不错的而且易学的起点。

琼瑶浆这个名字中的"traminer"部分，来自于意大利蒂罗尔 (Tyrol) 地区一个叫做特拉名 (Tramin) 的村庄，现在意大利东北部的上阿迪杰 (Alto Adige，也称为南蒂罗尔) 还会出产一些口感较轻、十分柔和的琼瑶浆。然而最常见的琼瑶浆则来自法国东部的阿尔萨斯 (Alsace) 地区，位于德国边界的西边。阿尔萨斯以它香气浓烈的葡萄酒著名，这些葡萄酒闻上去都好像有点甜，但尝上去其实是干的。味觉通常只是确定嗅觉已经觉察到的东西，而这里就是一个例外。当阿尔萨斯琼瑶浆到了成熟、完美的阶段，它能够酿造出非常强劲的美酒。但在大多数情况下，葡萄中的糖分都被发酵光，进而酿造出干的、或者至少稍干的葡萄酒，而且酒精含量会非常高，

果皮是粉红色的琼瑶浆，能够酿造出颜色
是深金黄色的葡萄酒。

常常会达到14度。它们闻上去有一种十分刺鼻的香甜感，但回味却是干的。葡萄本身有一种与众不同的略带粉红色的葡萄皮，完全不是白色的，所以酿成的葡萄酒通常会有很深的稻草黄色。酸度低是产自较暖地区琼瑶浆的特征，有一些随着陈年会变得有些"油性的"质感。

在阿尔萨斯，琼瑶浆是个高贵品种，但同时却也有些令人习以为常，当地的酿酒师们自己通常更偏爱喝雷司令。琼瑶浆也生长在莱茵河对面一些较为温暖的德国葡萄酒产区，包括普法尔茨（Pfalz）、莱茵黑森（Rheinhessen）和巴登（Baden），而巴登的琼瑶浆也许会比较甜；奥地利也出产美味的、深金黄色的、非常甜的琼瑶浆。大部分新世界（New World）葡萄酒产区也都试验过这个葡萄品种，它在新世界通常在拼写时都去掉u上面的变音符号。最成功的一些例子产自新西兰和美国西北部的太平洋沿岸。意大利的琼瑶浆是最没有发挥出潜力的，在这里一些琼瑶浆的酒标上可以只印有简单的"Traminer"。

在味道上唯一可能与琼瑶浆相混淆的葡萄酒，也许只有产自阿尔萨斯的葡萄香味很重的麝香，因为这两个品种都十分芳香，并且有一种甜甜的、花朵一般的香气。

特征指南

研究一瓶最近年份的阿尔萨斯琼瑶浆,里昂·拜尔 (Léon Beyer) 或者辛特·鸿布列什 (Zind Humbrecht) 都以它们味道非常丰富的琼瑶浆出名,婷芭克 (Trimbach) 的琼瑶浆则非常清爽,还有雨果 (Hugel) 酒庄也很可靠。注意那种新奇的芳香味,试着想出你自己对它的形容:荔枝?还是芒果?注意它在闻上去时好像很甜,但紧接着在嘴里的味道却是干的,而且酒体十分饱满。试着用你的舌尖测试一下它的甜度。将它非常强烈和特殊的香气与某种一般的干白葡萄酒相比较。和有兰花般香气的琼瑶浆相比,几乎所有其他的白葡萄酒闻上去好像确实都只有那么一点点害羞的花香了。找一些其他琼瑶浆品种的葡萄酒,注意它们之间有什么相同的地方。即使是产自意大利、智利和新西兰的那些口感轻盈的琼瑶浆,也都有这种有趣的香气。试着牢固地建立起这个品种对你自己的味觉印象。

琼瑶浆和麝香的对比

如果你有机会,可以做一个难度更高的品酒练习,试着说出琼瑶浆和麝香之间的区别。效果最明显的一对应该都产自同一个阿尔萨斯酒庄,而且应该会表现出一些相似之处。与酒体更轻的麝香相比,琼瑶浆的香气会更加丰富,并且有更多的香料味,但却不会有那么重的葡萄香味。

长相思与日照

长相思也许是第二个最容易辨认出的葡萄品种,如果你很欣赏口感清爽、不复杂的干白葡萄酒,那你一定会对这个品种着迷。

长相思 (Sauvignon Blanc) 的家乡是法国北部卢瓦尔河谷 (Loire Valley) 的桑赛尔 (Sancerre) 和普伊-芙美 (Pouilly-Fumé) 产区,不过目前在世界上许多葡萄酒产区都有种植,包括加利福尼亚和新西兰,这也就是为什么我选择长相思来阐述气候对葡萄酒味道产生的影响。

特征指南

为了从本质上掌握长相思的特征，最好的选择就是从一瓶出色酒庄酿制的桑赛尔或者普伊-芙美开始。寇塔(Cotat)、布雷(Boulay)、瓦什隆(Vacheron)和博卢瓦(Bourgeois)都是十分可靠的桑赛尔酒庄；而迪迪埃·达吉诺(Didier Dageneau)和拉杜塞特(Ladoucette)则是两个一流的普伊-芙美酿酒师。

试着建立起你自己对长相思的线索词。绿色的水果？草本味？醋栗？青草味？还是火石味？我发现识别长相思很有帮助的方法就是首先体会它用一种非常直接的方式"袭击"你的感官，仿佛一把利剑"指向"你的鼻子和口腔内部，而不是像琼瑶浆，或者我们在下面将要分析的霞多丽那样，它们的香气则是以一种更为宽广的方式靠近你的感官，像一片云似的。

与众不同的香气

长相思最主要的特征就是它那种尖锐的、清爽的香味。"在醋栗(gooseberry)丛上的猫尿"，这种形容词也许听上去对你来说并不是那么有吸引力，但在喝过一些长相思并认真思考过它的香气之后，你可能会逐渐同意这种对它那与众不同的香气所作出的特殊形容了。它有一种非常明显的"青绿感"；有些人觉得是生醋栗，而另一些人则认为是荨麻、青草或者黑醋栗叶子的气味。黑醋栗叶子是一种更加类似于不够成熟的赤霞珠的香气，而最近的研究显示，长相思正是赤霞珠的父母之一。仅仅只是闻一下这种葡萄酒就可以立刻使你为它那极高的酸度做好了准备，因为你舌头的边缘都已经开始皱了起来。

有时候"火石味"这个不是很精确、但又似乎很接近的形容词也会被用在长相思上，尤其是产自法国的长相思。你应该可以从一瓶出色的普伊-芙美中闻到一股枪火味。这其实就是品酒笔记的诀窍，那就是找到与某种香气最接近、最能让你联想到的词汇，即使它也许只是你的想象而已。

气候与长相思

卢瓦尔河谷是那些种植长相思的产区中最冷的一个，并且卢瓦尔河谷的长相思葡萄酒的酒标上都写明出产它的产区名字，比如桑赛尔、普伊-芙美、昆西(Quincy)、胡依 (Reuilly)、梅内托-沙龙 (Menetou Salon) 或者图兰 (Touraine)。圣布黎(St Bris) 是勃艮第北部的产区，这里也展现出寒冷气候中长相思的风格：非常干，而且酸度极高，几乎有点钢铁味。这里的长相思都非常纯，而且十分辛酸。

长相思也是波尔多干白葡萄酒的原料；波尔多位于大西洋海岸边的法国西南部，这里的气候更加温和，因此酿出的葡萄酒酸度也稍微低一些，味道也更开阔。波尔多的长相思很少会像卢瓦尔河谷的那样尖锐，也不会那么芳香，而且通常是和波尔多另一个非常普及的白葡萄品种，也就是更圆润的赛美蓉调配在一起 (参见后面"赛美蓉"一节)，从而赋予葡萄酒更饱满的酒体和更持久的香气。如果没有口感丰富的赛美蓉，波尔多长相思可能只有轻盈或者中等的酒体。

年轻的葡萄酒

长相思是为我们这个毫无耐心的时代量身定做的，因为它们应该在年轻和新鲜的时候就被享用掉。你应该选择最近的年份，因为这种葡萄的果味不是很丰富的那种，而且也不会随着陈年变幻出迷人的复杂性。相反的，它会变得有点疲倦，有时会让你有点想到罐装芦笋的味道，并且它原本极高的酸度会开始占据主导地位。长相思葡萄酒通常是非常淡的草黄色，除非那些在木桶中储存过一段时间的长相思，它们会呈现一点金色的色调，不过这样的长相思非常少，同时也会比较昂贵。酸度是它最显著的特征，而且几乎所有的长相思都是相当干的。它们的香气很少会有长久的回味，在较为华丽的登场后都会像流星一样很快地消逝。

新世界

有一个新世界 (New World) 葡萄酒产区已经确定了它在长相思上的声誉：新西兰南岛北部的马尔堡 (Marlborough)。云湾 (Cloudy Bay) 是开路人，并且很多新的酒厂都跟随而上。这里酿造的长相思通常闻上去会有更明显、更刺鼻的果香，酒精度也稍微明显一些，并且常常有一点点的甜味，用来与水晶般明朗的酸度相平衡，而这种酸度正是产自离赤道相对较远的新西兰葡萄酒的特征。

新西兰清新空气中的长相思葡萄园。

新西兰对抗法国

用一瓶桑赛尔或者普伊—芙美和一瓶同一年份，或者晚一年的(也就是北半球丰收后的六个月) 新西兰的长相思做比较，最好是来自马尔堡产区的，比如云湾或者布兰卡特(Brancott)。与更加收敛的法国葡萄酒相比，新世界的酒应该有更加强烈的香气，而且它的果味和酸度尝上去更像是两个单独的成分。比较两种葡萄酒的甜度；法国的很可能会更干，有更多的矿物质味，但果味会更少一些。许多人更喜欢新西兰的长相思，不过一瓶优质的法国长相思会在装瓶后一到两年内变得更复杂，而新西兰的在几年后会呈现出比较陈腐的芦笋味道，不过有许多法国长相思都是稀薄而乏味的。

世界各地的长相思

风格最接近新西兰的长相思来自智利，在气候较冷的卡萨布兰卡山谷会出产一些非常精致的长相思，这要感谢他们对新西兰酿酒方式的认真学习。

长相思在南非也有大量的种植面积，像莫得博世 (Mulderbosch)、史丁伯格 (Steenberg)、尼尔·埃利斯 (Neil Ellis) 和斯普林菲尔德酒庄 (Springfield Estate) 这些酒厂能酿造出十分细腻的长相思，风格倾向于在法国和新西兰之间。澳大利亚几乎没有产区有足够寒冷的气候能够酿造出爽口的长相思，但阿德莱得山区（Adelaide Hills）还是有些值得信赖的酒厂，比如肖与史密斯（Shaw and Smith）和小巷酒厂（The Lane）。

生长在温暖气候产区的长相思，其问题就是会迅速地失去它香气的活力和那种提神的酸度。加州的长相思通常都是在橡木桶中储藏过，并且叫做白芙美（Fumé Blanc），它能够向你展现出将这个品种移植到温暖气候的产区之后会发生什么。任何葡萄品种，生长和成熟的地区离赤道越近，丰收的葡萄中就会有越少的酸度和越高的糖分，因此最终的葡萄酒中就会有越少的酸度和越高的酒精含量——除非采取一些谨慎的措施来对付这个自然现象，比如提前丰收葡萄，当然这很难得。与大多数法国和新西兰的长相思相比，加州的长相思几乎肯定会有更高的酒精度，尝上去口感也更重。加州的长相思可能还有一些明显的橡木味，它有时也会与赛美蓉调配在一起，使葡萄酒有一点赛美蓉品种的油性质感和更紧密的结构。极少数的加州长相思会有树叶和青绿的香气，因为对许多美国的葡萄酒爱好者来说，青草般的草本味道会被看成是一种错误气味。这是表明在葡萄酒风格偏好上有地区差异的第一个例子。

比较和对照

用一款加州出产的长相思——墨菲·古迪（Murphy-Goode）和蛙跃酒厂（Frog's Leap）都有很好的声誉，但其他酒庄的也没什么问题——与法国和新西兰出产的长相思做比较。请注意，加州的酒中有更饱满的酒体和相对较弱的香气。

当然，在许许多多能够影响葡萄酒味道的因素里，气候只是其中一个。你品尝过的所有长相思之间的不同也可能是其他一些原因形成的，比如说葡萄酒的年龄、葡萄树自身的年龄、酿酒工艺，甚至所栽种的葡萄树是否为准确的克隆，等等。我们在后面的教程中将会分析所有的这些因素，目前请专心尝试着去理解阳光能够使葡萄酒变得更加柔和这个效果。无论是长相思，还是其他任何品种，你都可以从葡萄酒中品尝出那原来的葡萄树上到底发生过什么。葡萄酒的酸度越高，葡萄在成熟过程中很可能就接受了越少的阳光，并且很有可能是产自气候较冷的产区。

霞多丽与橡木之吻

30年前，当人们都在喝夏布利 (Chablis) 和夏瑟尼 (Chassagne) 的时候，霞多丽 (Chardonnay) 这个名字几乎没有人知道，而如今它可能是所有葡萄品种中名气最响的一个了。

霞多丽从它在法国东部的老家勃艮第，被传播到世界上几乎每一个能够种植葡萄的角落。它变得如此流行，而且被如此广泛地种植着，以至于对许多葡萄酒消费者来说，霞多丽几乎成为白葡萄酒的代名词。但是，如果你去问那些购买霞多丽的消费者，霞多丽尝上去究竟是什么味道，我怀疑几乎没有几个人能够给你一个答案。因为霞多丽不像长相思或者琼瑶浆，这个葡萄品种自身并没有特别强烈、特殊的果香或者气味，也许这就是为什么那么多人喜爱它的原因。

我们会分析在不同的环境下，霞多丽是如何被酿制成特点极其不同的葡萄酒，其实霞多丽只不过是一种有些平淡无味的原材料而已，但它会被风土条件（也就是法国人称为"terroir"的当地自然环境）和/或者酿酒师个人的风格所塑造。

与到目前为止已经讲解过的两个葡萄品种（即琼瑶浆和长相思）相比，霞多丽更有潜力酿制出风格迥异并且质量跨度很大的葡萄酒。其中有口感轻薄或辛酸的，也有极其华丽丰富的，不过极少会有明显的甜味。霞多丽葡萄酒通常都是静态酒 (still wine)，但它也是香槟和其他起泡酒中经典的配料之一（参见本书第五章起泡酒"调配配方"一节）。不过，霞多丽的特点就是口味很干，酒体丰满，而且比尖锐、直率的长相思有更"广阔"的香气。你可以立刻感觉到葡萄酒的体重，并且马上就会知道这不是一种供人消遣的芳香型开胃酒，而是一种有分量的、有真实感的、值得你集中注意力的葡萄酒。正是由于这样的酒体和丰满度，霞多丽的酸度通常不会像酒体轻盈的长相思那么明显。霞多丽通常要比其他葡萄品种相对成熟得较早，同时也有相对较高的酒精含量，有时高到使葡萄酒尝上去会有一些虚幻的甜味。与琼瑶浆和长相思不同，霞多丽另一个容易暴露自己身份的特征就是，它的香气好像在口腔中会增加强度。一瓶精心酿制的美味霞多丽会有悠长的回味，甚至好像比最初时的酒香还要浓烈。

特征指南

现在就开始展开霞多丽的旅程，选一瓶便宜的单品种霞多丽葡萄酒，也就是酒标上"霞多丽"这个词写得比它原产地更加明显的葡萄酒。它可以是一瓶奥克地区餐酒(Vin de Pays d'Oc)，或者一瓶酒标上只写有"加利福尼亚"产区的便宜的霞多丽，也可以是一瓶产自东南澳大利亚这个葡萄酒盛产地的霞多丽。试着找一瓶在前后酒标上都没有提到橡木或者木头的霞多丽葡萄酒。注意它的气味与长相思和琼瑶浆比起来是多么的平淡乏味。在这瓶葡萄酒中应该没有什么使人反感的东西，但也确实没有什么吸引你的地方。当你喝下一大口时，注意它尝上去如何不同于水，并且酒体是多么饱满。在你把它咽下去之后，留意它在你口腔中留下的充分而真实的印象，很可能比你用鼻子闻到的还要实在。你也许注意到了一点甜味，或者口腔后部稍微有点热的感觉。这是高酒精度的两个迹象。

为了建立霞多丽对于你自己的味觉印象，第一步就是需要品尝更多的葡萄酒，比你前面在试图掌握特征更为明显的长相思和琼瑶浆时品尝的酒还要多，最好是上面提到的三款葡萄酒都尝一下。以下这些味道可以在没有与橡木接触过的一些霞多丽中找到：绿苹果、柠檬、黄油味、烟熏味、榛子和菠萝。

木桶的香气

葡萄酒世界中最有名的"婚姻"之一就是霞多丽和小橡木桶。它们简直就像为了对方而生的，因为橡木这种木头和与之相连的香气是酿酒师最喜爱的，它们能够为简单而朴实的霞多丽提供很多它本身所没有的味道。现今出售的很大一部分霞多丽都是以某种方式在橡木的影响下而酿制的。

橡木和白葡萄酒能够十分融洽地结合在一起，霞多丽是个最好的例子。一组崭新的香气会被白葡萄酒吸收，使它变得更复杂，更讨人喜爱，但是它们需要一些时间才能融合在一起，进而酿出和谐美妙的葡萄酒。这就是为

默尔索村 (Meursault) 的霞多丽葡萄园，是
勃艮第最富盛名的白葡萄酒村庄之一。

什么在木桶中陈年那些被预计会有较长生命力的葡萄酒是最合理的。相
反，将桑赛尔 (Sancerre) 放在昂贵的新橡木桶中储藏一年是毫无意义的事
情，因为桑赛尔是用陈年能力并不突出的长相思品种酿成的葡萄酒，目的就
是为了要在它年轻和新鲜的时候享用。

橡木桶十分昂贵，它们不仅能将橡木的香气赋予葡萄酒，还有很多其
他的作用。它们可以使葡萄酒在质感上变得更柔顺、更精致，并且还可以天
然地稳定和澄清葡萄酒。然而，橡木的香气现在变得如此时尚，以致一些葡
萄酒厂家希望在能减少橡木桶的昂贵费用和繁琐工序的情况下，也可以为
葡萄酒提供橡木的香气，因此他们就选择便宜许多、也更加容易操作的橡
木片或者橡木板来代替橡木桶。这些橡木片或者橡木板通常会在葡萄酒发
酵的时候被放入不锈钢大酒罐中，因为这个阶段的葡萄酒吸收香气的能力
最强。如果一瓶相对便宜的葡萄酒在酒标上标明与橡木接触过 (oaked, 或
者wooded)，但却没有特意提起橡木桶 (oak barrel)，那么它很有可能就
是以这种工艺酿制而成的。这种葡萄酒如果在年轻时就被享用，不会有任
何问题，但这种非自然地添加橡木香气的工艺只会有短期效果，在一到两
年后，它就会使葡萄酒变得十分油腻和难喝。

下一步就是品尝一瓶真正享受到新的小橡木桶所有好处的霞多丽，通
常都是50加仑 (225公升) 容量的小橡木桶。木桶越小越新，它就会赋予葡
萄酒越多的橡木香气成分。老木桶仍然可以在质感上对葡萄酒有所帮助，
但不会给酒太多的橡木香气。在霞多丽的家乡勃艮第，经典的酿酒工艺就

是让葡萄酒在这样的小橡木桶中发酵，然后将最初酒精发酵产生的沉淀物，也就是酒渣（lees），留在木桶中，并且定期地搅动这些酒渣，让更多的香气和特征释放到葡萄酒中，同时也能避免硫化氢的形成，并且将色素和涩口的化合物等一些成分从葡萄酒中提取出来。

酿酒师也会促使葡萄酒在木桶中进行另一种、也就是第二次发酵，即将苹果酸转化为乳酸的发酵，这样命名是因为它能够将粗糙的有绿苹果味的苹果酸转化成更柔顺的与牛奶相关的乳酸。尽管这个工艺起源于勃艮第，但现在世界各地的绝大多数酿酒师都在使用，由此导致几乎任何地方出产的标明"木桶发酵的霞多丽"（简称BFC）都是惊人地千篇一律。

木片，而不是木桶

试着找一瓶与橡木接触过的便宜的霞多丽。你需要很仔细地读它的酒标。一瓶在酿制过程中使用橡木碎片的霞多丽，在年轻的时候尝上去确实有一点锯屑味，但到了两岁的时候就会变得油腻和沉闷。保加利亚是使用橡木碎片的典型代表，但其实世界上几乎每个出产葡萄酒的国家中，那些批量生产葡萄酒的厂家都会使用橡木碎片，唯一的例外可能就是几乎从不使用橡木的德国。

真材实料

品尝一瓶名副其实在橡木桶中发酵过的霞多丽，产自勃艮第以外任何地方的都可以。一瓶产自加利福尼亚的中等或者高价的霞多丽就是个不错的选择，因为长期以来这种工艺在当地已经被很好地应用。注意它相对清淡的颜色，木桶发酵会使颜色成分澄出葡萄酒。也注意一下它在质地上那种柔滑的奶油感，因为涩口的成分也会在木桶发酵过程中澄出葡萄酒。闻香的时候寻找一下某种牛奶般，甚至类似黄油的成分；这是苹果酸转乳酸发酵的一个特征，不过这在真正顶级的葡萄酒中应该不会很明显。现在，你感觉到橡木了吗？看看你是否真的能够闻到某种橡木的香气，或者在口腔中是否感觉到任何苦味或者涩口的感觉。

橡木的负效应

橡木味在葡萄酒中是否应该存在或者消失，这是现今葡萄酒界最富争议的问题之一，尤其是对霞多丽这个品种。在80年代，葡萄酒消费者对木桶所带来的这种明显的新型香气十分感兴趣，葡萄酒厂家对橡木桶这个最新的酿酒手段也表现出极具差异的使用技巧。有时，尤其是在较新的葡萄酒产区，葡萄酒会先在中性的不锈钢酒罐中发酵，然后再放到新橡木桶中，让它们自身的香气和丹宁快速增加，但却并没有给葡萄酒一个机会去减少它本身所具有的那些涩口成分和颜色物质。结果就有了一些非常奇怪的、缺乏和谐的葡萄酒，它们在质感上没有得到任何改善，并且在装瓶一到两年后通常都会变成棕褐色，口感也会变得很粗糙。

每一种效用都会不可避免地伴随着一个反作用，霞多丽的情况就是这样，有些人已经对葡萄酒中所有明显的橡木成分感到极端的厌恶，虽然消费者对木桶发酵在质感上赋予霞多丽的好处还是很肯定的。在澳大利亚，白葡萄酒中的橡木效应已经无可否认地达到了极限，这甚至导致了一些霞多丽葡萄酒很自豪地在酒标上宣称它们没有和橡木发生过任何接触，这些酒的价钱有时会因此而非常高！

位于波尔多Entre-Deux-Mers地区的波内酒堡
(Bonnet) 外的旧木桶。

法国夏布利地区的霞多丽葡萄，这里的葡萄酒
很少会有橡木的味道。

　　我个人的看法是，在木桶中发酵的年轻而优质的霞多丽中，表现出些微
用昂贵橡木处理过的迹象并不一定算是个失误，就像一瓶年轻的顶级红葡
萄酒应该有稍微高一些的丹宁程度一样，但是橡木的味道尝上去感觉一定
要好。它也许会展现出美国橡木那种温暖的香草烘烤味，或者展现出风干许
久的法国橡木那种更加集中的、紧密编织在一起的美味品质，但是如果味
道太甜，内壁烧得太焦，或者橡木受到过分烘烤，那么它对葡萄酒的效用就
是干扰多过帮助了。如果味道太青绿或者太涩口，那就表明橡木的风干过程
可能不够好或者不够长。尽管如此，这种被加利福尼亚的葡萄酒教父罗伯
特·蒙达维（Robert Mondavi）称为"橡木之吻"的东西，对年轻的葡萄酒
来说也许并不是一件坏事，当酒中所有其他香分都和橡木味完美地结合起
来以后，葡萄酒就成熟了，并且变得更加复杂和迷人。

　　高档的霞多丽不同于长相思和琼瑶浆，它是一种需要在瓶中陈年的葡
萄酒。因此一般来说，你会发现霞多丽的葡萄越成熟，或者葡萄藤产量越

高,那么葡萄酒在瓶中的寿命就越短,反之亦然。

产区之间的区别

  霞多丽的家乡大体上是在法国东部,尤其是勃艮第地区。事实上,DNA测试已经证明,霞多丽的双亲是古老的品诺和一个叫做白古阿(Gouais Blanc)的品种。白古阿虽然和品诺同样古老,且能够结出浅色果实,但一直未受到重视。并不是说所有的勃艮第白葡萄酒都很优秀,但大部分优秀的霞多丽都是产自勃艮第。从酒庄和酿酒师的角度来说,这个地区的独特之处在于,根据种植葡萄的确切区域或者产区的不同,勃艮第可以酿造出风格迥异、香气和味道也极其不同的葡萄酒。因此,在勃艮第葡萄酒的酒标上你找不到"霞多丽"这个词,而是许许多多不同产区的名字。所以,为了能够充分享受勃艮第白葡萄酒,你必须要学习一些地理知识。

  勃艮第最冷的区域是法国最北部的夏布利,这里几乎只种植霞多丽,并且橡木桶传统的使用和影响在夏布利也是最轻微的。真正产自夏布利的霞多丽有一种精瘦和青绿的独特风格,因为在大多数年份这里的葡萄都很难完全成熟,所以夏布利葡萄酒都需要在瓶中陈年一段时间,不过这是一件非常值得的事情。我品尝过一些40岁的夏布利,它们仍然还在上升期。这种典型的夏布利成熟形式和其他霞多丽很不一样,部分原因是它年轻时有很高的酸度,但也可能是因为它独特的土壤类型。当夏布利年轻的时候,它那开胃和尖锐的高酸度使它尝上去几乎就像长相思,不过闻上去却更像是寒冷而潮湿的石头(我知道这听上去很可笑),而不是青绿的水果或者青草。在它中年的时候,也就是大概5、6岁,它会处于一种有点使人倒胃口的状态,会让你联想起潮湿的羊毛味道,但在这以后它会摆脱这个阶段,并达到十分精美的成熟期。在这个阶段,它仍然会有很高的酸度,而且非常活泼,并且保持着原有的钢铁味,但是它已经演变出值得让人期待的更加复杂的酒香。这种香气有种稠密的、迷人的品质,我形容它为粗粉状的,有点像燕麦片。如果想找到陈年能力很强的夏布利,最好选择酒标上写着"一级葡萄园"(Premier Cru,英文为First Growth,growth就是"一块土地"的意思)的葡萄酒,当然,如果是"特级葡萄园"(Grand Cru,英文为Great Growth),那就更好了。

  在夏布利以南的地方就是"黄金之坡"(Côte d'Or)了,这段狭窄的山坡是勃艮第地区的中心地带，这里出产的霞多丽价格非常昂贵。那些获得"特级葡萄园"资格的葡萄酒包括：考尔登－查理曼 (Corton-Charlemagne)、蒙哈榭 (Le Montrachet)、巴塔－蒙哈榭 (Bâtard-Montrachet)、舍瓦里耶－蒙哈榭 (Chevalier-Montrachet)，还有默尔索村的一些"一级葡萄园"。这些葡萄酒都有十分丰满的酒体，但同时又很精细微妙，最重要的是，它们都非常美味可口。它们通常都能够展示范围很广的香气，包括榛子、干草以及各种各样的矿物质味道。

"黄金之坡"最出色的酒庄会将新橡木桶和老橡木桶混合起来酿制他们最好的霞多丽，而新老木桶的比例则取决于那个年份的特征，但最终目标就是控制住橡木的香气，使它能够与果香和谐共存。这是全世界霞多丽酿酒师都在追求的典范，而且其中有一些已经表现出能够用勃艮第工艺打败勃艮第人的种种迹象，尤其是下面将会讲到的那些加利福尼亚的顶级酒庄。

在勃艮第，不同酒庄都会有自己不同的酿酒方式，因此，那些勃艮第有名的白葡萄酒村庄所出产的葡萄酒之间的差别就很容易变得模糊难辨。但是，如果我们要讨论典型特征的话，默尔索 (Meursault) 的葡萄酒黄油感最重，不过近年来它正在变得越来越优雅，普里尼－蒙哈榭 (Puligny-Montrachet) 则有比较多的钢铁味和奶油感，而它的邻居夏瑟尼－蒙哈榭 (Chassagne-Montrachet) 的坚果味道稍微更重一些，并且质感也更明显。

上面提到的所有勃艮第白葡萄酒都需要陈年。事实上，开一瓶不足5、6岁的产自特级葡萄园的葡萄酒，或者开一瓶不足3、4岁的产自一级葡萄园的葡萄酒，都是一件很奢侈的事情，会浪费掉许多钱。在非常出色的年份，像在康特·拉芳 (Comtes Lafon) 或者考切－杜汇 (Coche Dury) 这种卓越酒庄出产的默尔索"村级葡萄酒"，也都能够在瓶中陈年5年左右。所谓村级葡萄酒，也就是那些酒标上只有村庄的名称，而没有葡萄园名字的葡萄酒。

那些虽然不是最伟大，但也非常不错的勃艮第白葡萄酒包括：佩尔南－韦热莱斯(Pernand-Vergelesses)、欧克西－迪雷斯 (Auxey-Duresses)、圣欧班 (St Aubin)、吕黎 (Rully)、蒙塔尼 (Montagny) 和白勃艮第 (Bourgogne Blanc)，所有这些酒通常酒体都更轻、更消瘦一些。在勃艮第的最南端，几乎要到博若莱 (Beaujolais) 地区，还有一些不那么时髦的霞多丽产区，包括圣韦朗 (St Véran)、普伊－芙美(Pouilly-Fumé) 以外的所有普伊、白博若莱葡萄酒以及马孔 (Mâcon) 葡萄酒。这些葡萄酒都应该在更年轻的时候被享用，因为它们那时会有迷人的圆润感，以及使人想起苹果和柠檬的令人愉快的味道，并且很少会表现出过多的橡木迹象。

清瘦、青绿的夏布利

品尝一瓶夏布利，最好是2岁或者3岁大的，注意它尝上去比来自温暖产区同样年份的霞多丽要感觉年轻许多。再品尝一瓶更陈年的夏布利，我衷心希望这瓶酒已经过了"湿羊毛"的状态，而已经达到"粗粉般"的阶段。在这个执迷于橡木味的年代，夏布利的味道是一种少见的风格，虽然现在越来越多的夏布利酒庄也开始用一些新的橡木桶，你也许很难找到一瓶成熟的夏布利，除非是在一家非常重视葡萄酒的餐厅。你可能不得不自己陈年一瓶夏布利，不过让人欣慰的是，在所有伟大的勃艮第白葡萄酒中，夏布利的性价比肯定是最棒的。

如果你想要品尝一下更不成熟的霞多丽是什么味道，找一瓶产自香槟地区的静态酒，以香槟丘白中白（Coteaux Champenois Blanc de Blancs）的名字出售。它那极其消瘦的酒体也许正是对香槟产区是酿制起泡酒的专家、而对静态葡萄酒却毫不在行这一原因的最好解释了。

昂贵的勃艮第

抓住所有一切机会品尝尽可能多的各种各样不同的勃艮第白葡萄酒。任何不同的勃艮第白葡萄酒之间的比较都是非常有教育意义的，无论是比较简单的例子（比如前面刚刚介绍的那些虽然也很优秀，但不是极品的勃艮第白葡萄酒），还是更加昂贵的美酒，比如产自普里尼－蒙哈榭、夏瑟尼－蒙哈榭以及默尔索这三大白葡萄酒村庄的葡萄酒。那些昂贵的勃艮第应该会有更沉重的酒体，在年轻时也更矜持，在酒杯中也能够存活更久，或者至少能在打开的酒瓶中保持更长的时间。

新世界霞多丽

霞多丽在加利福尼亚和澳大利亚取得了巨大的成功，并且在南非和新西兰也有广泛的种植，如今它在意大利也是炙手可热，从西班牙的加泰罗尼亚（Catalonia）到黎巴嫩，从智利到纽约州，霞多丽无处不在。

澳大利亚的霞多丽是如此的与众不同。它在香气上有种"砰声"（twang），它肯定有柑橘类的香味，最接近的就是青柠，在深金黄的颜色中通常会有非常轻微的绿色色调。自从澳洲人开始每年都会大批量丰收葡萄以来，他们就变成了酿造质量可靠、价格便宜的霞多丽的老手。

事实上，它们是第一个利用橡木片使葡萄酒有些橡木香气的国家，这也意味着与像典型东欧国家这样的葡萄酒产区相比，他们如今在使用橡木片方面的技艺会更加精湛。任何在酒标只写着东南澳大利亚（South-Eastern Australia），而不是明确写出某个特定产区的霞多丽，都可能是用从澳洲内陆大量灌溉的葡萄酒产区收获的葡萄混合在一起酿制而成的，而不是来自在霞多丽方面造诣极高的较小产区，比如阿德莱得山区（Adelaide Hills）或者玛格利特河（Margaret River）。这些产自东南澳大利亚的葡萄酒物美价廉，但不要费神去陈年它们，它们中的大多数都应该越早享用越好。但是像吉亚康达（Giaconda）、葡萄之路（Petaluma Tiers Vineyard）和露纹(Leeuwin)这样的酒厂，都证明了澳大利亚人酿造的霞多丽同样可以有真正的优雅和陈年潜力。

蒙大纳（Montana）在新西兰马尔堡产区极其迷人的布兰卡特（Brancott）酒庄。

在新西兰，霞多丽的种植面积曾经比长相思还广，典型的新西兰霞多丽的特征就是一种干净而青绿的酸度。南非的霞多丽能够有非常诱人的烟熏味，而智利的霞多丽尝上去则更像是北美便宜而且酒体稍微轻些的霞多丽的复制品；事实上，它们也确实就是这样。

加利福尼亚的霞多丽有各种各样其不同的风格：从丰富而浓厚的质量最优秀的那些，到除了酒精什么也没留下的那些粗重的、甜味的液体。一些最顶级的霞多丽通常产自卡纳罗斯 (Carneros)、中央海岸 (Central Coast) 和索诺玛 (Sonoma) 的某些产区，特别是俄罗斯河谷 (Russian River Valley) 和新兴的索诺玛海岸产区 (Sonoma Coast)，不过，总是会有些例外。一些最有名的酒厂包括玛卡辛 (Marcassin)、奇丝乐 (Kistler)、优园 (Au Bon Climat)、塔雷 (Talley)、都屯－古德菲尔德 (Dutton-Goldfield)、圣巴里 (Saintsbury)、康斯卡德 (Kongsgaard)、瑞美 (Ramey)、HDV、伊甸山 (Mount Eden) 和彼特迈克尔 (Peter Michael)。路标酒庄 (Landmark) 的眺望系列 (Overlook) 性价比非常棒。

橡木和气候

通过仔细观察现今市场上可以买到的各种各样不同风格的霞多丽，无论它们的原产地在哪里，你应该可以很好地了解橡木能够在颜色、酒体和香气方面赋予白葡萄酒额外的丰富感。同时你也巩固了已经学过的气候对葡萄酒有何影响的课程。比如说，用产自加利福尼亚的霞多丽和产自加拿大或者纽约的霞多丽相比较，它们几乎是用完全相同的工艺酿制而成的；但后者当中那种干净而青绿的明显酸度则完全是大自然的功劳，因为它们种植的地区离赤道更遥远，因此也更寒冷。

霞多丽几乎在所有葡萄酒产区都有种植，但很少会展现出地方特色。在当今世界上所有的葡萄酒风格中，木桶发酵的霞多丽是最"国际化"的，这个词的言外之意就是"本地特征"的遗失。在最坏的情况下，霞多丽不过是一种乏味的酒精饮料，是介于软饮料和葡萄酒之间的一个实用的客栈；而当它状态最佳的时候，霞多丽就是"terroir"（法语词）、力量和潜力的化身。

赛美蓉：一个伟大的"腐败者"

赛美蓉 (Sémillon)，在法国以外通常被拼写成Semillon，这并不是一种非常有名的葡萄品种，虽然它的名气应该更大一些。即使在那些人数正逐渐减少的苏玳 (Sauternes)爱好者中，很多人也常常会忽略这个特别的品种在苏玳生产中至关重要的角色。

没有任何一个真正的葡萄酒爱好者会坦白他们对霞多丽的忽视或者反感，但是赛美蓉却是如此被冷落到灰姑娘般的地位，连葡萄酒标上都很少出现赛美蓉这个词。尽管如此，但它至少在葡萄酒厂家中却慢慢变得更加受欢迎（虽然对消费者来说不一定是这样），因为它能在通常被霞多丽和长相思所主宰的小提琴上提供另一根琴弦。

赛美蓉在华盛顿州有所种植，41区学校 (L'Ecole 41) 酒厂是在这里种植赛美蓉的先驱；在南非，赛美蓉曾经是种植面积最广的品种，如今开普点产区 (Cape Point) 可以酿制出一些最出色的赛美蓉；新西兰也出产赛美蓉，尤其是米尔顿酒庄 (Millton Vineyard)，这个有机酒庄能够酿出非常了不起的赛美蓉，有的甚至带些甜味。

传统上，赛美蓉是和口感更轻薄、香气更芬芳的长相思调配在一起，尤其在波尔多和法国西南部的其他产区，但也不只是这里，这种调配酒 (blend) 也是南半球常见的做法。事实上，没有完全成熟的赛美蓉闻上去会非常像长相思；就像波尔多的红葡萄品种赤霞珠在不是完全成熟的时候，闻上去很像品丽珠 (Cabernet Franc) 一样。这两个葡萄品种无疑就是为对方而生的。

只有在澳大利亚，尤其是猎人谷 (Hunter Valley)，才有认真对待赛美蓉的悠久历史。在这里，赛美蓉会被提早丰收，并单独酿制出值得陈年的干白葡萄酒，在酒标上也会写上赛美蓉。我们很少能够品尝到单独酿制、而不是习惯性地与它的波尔多同胞长相思调配在一起的赛美蓉，而年轻的澳大利亚赛美蓉则提供给大家这个机会。

赛美蓉有相对较低的酸度，但它有甚至比霞多丽还要高的酒精度和更重的酒体，因此即使它的糖分被发酵成干的，葡萄酒也会表现出甜味的迹象。一些同行认为它的香气中有无花果的气味，有些则觉得是雪茄，它也有明确的柑橘类香气。在非常成熟的赛美蓉中，质感方面几乎有一种蜡似的、接近油性的感觉。辨别这个品种的线索就是它那深金黄的颜色、非常高的酒精含量和较低的酸度。

随着陈年，无论是干的还是甜的葡萄酒，赛美蓉都会呈现出几乎是橙色的色调，成熟的猎人谷干白赛美蓉可以说是葡萄酒世界中最不寻常和最缺乏赏识的珍品之一。不过必须说明白的是，它们的确没有一下子就会让人喜欢上的味道。这些葡萄酒似乎会失去品种本身最初的滋味，并且呈现出土地自己的特征。任何10岁以上的猎人谷葡萄酒都会开始表现出奇特的矿物质味道，我称它为"火山砰声"(volcanic twang)，有些人叫它"烤焦的面包片"。在猎人谷种植的每一个品种都有这个特征，所以这也是我所支持的那种传统的欧洲观点最有力的证据之一，那就是任何产区土壤和下层土的实际组成成分会决定葡萄酒的香气和味道。更现代的观点是土壤结构其实比土壤成分更加重要，举个例子，如果葡萄园的土地有很好的排水能力，那就能够促使葡萄根伸到深处寻求水分，从而形成一个复杂的根茎系统。猎人谷产区中最优良部分的土壤中有很高比例的火山土，就像在马德拉(Madeira)一样，这也许印证了我所称的"火山砰声"。

新南威尔士猎人谷的赛美蓉，一种少有的葡萄酒风格。

特征指南

试着找一瓶年轻的澳大利亚赛美蓉，或者一瓶没有和长相思调配在一起的赛美蓉。请注意：即使是较年轻的葡萄酒中，赛美蓉就已经会有较低的酸度和微带黄色的色调，还有些香料味的感觉。让葡萄酒在你口腔中转几圈，感受一下它丰满的酒体。你甚至也许会发现它在质地上有一种乳脂的感觉，还有一种羊毛脂般的柔滑感。和霞多丽一样，赛美蓉没有逼人的芳香，加上它那相对较重的酒体，赛美蓉会以慢慢接近你的方式打动你，而不是用锋利的香气来袭击你的感官。

猎人谷和"火山砰声"

试着找到一瓶成熟的澳大利亚赛美蓉，最好是产自猎人谷，不过如果不是也没关系。仔细注意陈年赛美蓉中那种奇特的香气，事实上你几乎不可能避免它，还有它那很深的颜色和酒体。那就是我说的"火山砰声"：一种几乎是烧焦的泥土的味道，因为在接近地表的地方还有很多矿物质成分的痕迹。它会使人回想起英国伦敦那些绅士俱乐部中的黑炭饼干 (charcoal biscuits)，不过我很欣慰只有很少的读者知道我指的是什么。

调配 (blend) 与贵腐 (botrytis)

当然，为了体验赛美蓉对葡萄酒享受的最大贡献，那研究波尔多甜白酒就是很必要的了，尤其是那些产自苏玳 (Sauternes) 和巴萨克 (Barsac) 地区的最优秀的葡萄酒。我们刚才已经提到了酒体饱满的波尔多白葡萄酒的配方，就是将长相思和醇厚的赛美蓉调配在一起，比如格拉夫 (Graves) 和佩萨克-雷奥良 (Pessac- Léognan) 产区。沿着这两个产区往南走就是苏玳、巴萨克和另外几个不是那么出名的波尔多甜葡萄酒产区，在这里通常会将一点点长相思加入到赛美蓉中，在保持赛美蓉的主导地位和甜度的同时，长相思能够给最终的葡萄酒一些额外的酸度。

为了酿造出顶级的甜葡萄酒，必然需要含有极多糖分的葡萄，这样即使发酵了许多糖分，使葡萄酒有足够的酒精含量，还是会剩下许多丰富的果味。为了能够达到令人着迷的甘美境界，世界上最棒的甜白葡萄酒都会分享一个共同的助手，而它则是以一种看上去有点让人倒胃口的发霉形式出现，这就是葡萄孢菌 (botrytis cinerea)，也叫做"贵腐" (noble rot)。在某些

左图为法国武弗瑞（Vouvray）产区感染贵腐的白诗南品种，右图为德国莱茵高（Rheingau）产区感染贵腐的雷司令品种。

有利的秋熟天气下（潮湿的早晨紧接着温暖和阳光充足的下午），葡萄孢菌就会侵袭葡萄，并且在不弄破葡萄的情况下引起它们腐败，使其干枯，并浓缩了它们的糖分含量。对这些过于成熟的葡萄，贵腐能够赋予它们一种特别的蜂蜜般和植物般的特征，并使葡萄酒具有非凡的陈年能力，我曾经尝过一瓶顶峰期的19世纪的苏玳。贵腐只会发生在所有条件都达到的年份，并且只能在某些特定的产区出现。多年以来，加州的葡萄种植者都花了不少功夫来消除那些感染了这种难看真菌的葡萄，他们还没有意识到贵腐能使雷司令、琼瑶浆和赛美蓉这些品种变得多么美妙。极其干燥的年份能够酿出甜葡萄酒，但它们不会有贵腐那种奇特的香气。对赛美蓉和它那薄薄的葡萄皮来说更容易得到贵腐的好处，何乐而不为？

贵腐的甜味

现在你可以看看自己是否能够发现一瓶被贵腐感染的、并且在橡木桶中储存过的精心酿制的波尔多甜白葡萄酒和一瓶普通甜酒之间的区别。为了理解贵腐到底有什么特别的地方，比较一瓶列级庄园（Classed Growth）的苏玳和你能够找到的最便宜的波尔多甜白葡萄酒，也许产自圣克鲁瓦蒙（Ste Croix du Mont），或者卢皮亚克（Loupiac），甚至一瓶产自波尔多东边的柏杰哈克（Bergerac）地区的便宜的蒙巴济亚克（Monbazillac）也可以。那瓶苏玳最好是来自一个受有益贵腐影响很多的年份，比如2001年或者1997年。请注意：便宜的甜葡萄酒更加甜腻，质感也更加油性，而且并不十分开胃和可口。也可以仔细感受一下在苏玳中，极高的糖分含量是如何被强烈的香气和很高的酸度所平衡，从而使它和便宜的葡萄酒十分不同，一点也不会让你感到甜腻味。奥地利的布尔根兰州（Burgenland）和澳大利亚的新南威尔士州也是出产贵腐酒的著名地区。

雷司令：最伟大的白葡萄品种

可怜的老雷司令 (Riesling)，它是世界上最没有被充分赏识的白葡萄品种，同时也是名字最容易被读错的一个，但在我眼里，它是最优秀的。

有两个事实严重地玷污了雷司令的声誉。第一，它被无法挽回地和德国联系起来。在20世纪末期，大部分不负责任的德国商人出口了太多以葡萄酒为名的糖水，即使是那些最顶级的德国葡萄酒（其中大多数都是用雷司令酿造的），声誉也受到了严重的损害。

第二，雷司令这个名字在不少国家被窃用在其他一些葡萄品种上，大多数都不是很尊贵的品种。比如在澳大利亚和南非有一种极其普通的学名为克里申 (Crouchen) 的品种，长久以来一直被分别称为克莱尔雷司令 (Clare Riesling) 和南非或者柏尔雷司令 (Cape，或者Paarl Riesling)。遍及东欧有一个葡萄品种，它有各种各样不同的称呼：意大利雷司令 (Italian Riesling，或者Riesling Italico)、韦尔士雷司令 (Welschriesling)、拉斯基雷司令 (Laski Rizling，这个品种在东欧国家的名字)、奥拉斯雷司令 (Olasz Rizling，这个品种在匈牙利的名字) 和许多类似的别名。我留心的第一瓶葡萄酒大概就是在60年代末一次严肃的萨默塞特郡午宴上供给我祖母和我的那瓶酒，我们当时把它叫做卢透末赖斯令 (Lutomer Rize-ling)。这里有两个错误，首先当然是我们应该把这个品种读成雷司令(Reece-ling)；此外，这瓶葡萄酒不是"真正的"雷司令，而只是个冒牌货，就是上文说到的拉斯基雷司令，也可以叫做韦尔士雷司令。它确实可以酿出一些很不错的葡萄酒，尤其是奥地利的甜葡萄酒，但从东欧出口的以这个品种酿制的葡萄酒，绝大部分都是非常破烂的东西，对于与它们完全不相干的伟大的德国雷司令的声誉没有任何正面的贡献。

韦尔士雷司令和德国尊贵的雷司令唯一的相同之处，就是它通常也能够酿造出香味较浓、半干的葡萄酒，并且有不少的酸度。在德国以外，雷司令有时也被称为莱茵河雷司令 (Rhine Riesling，德文为Rheinriesling)、雷拿诺雷司令 (Riesling Renano，雷司令在意大利北部靠近德国地区的名称)、白雷司令 (White Riesling) 和约翰尼斯堡雷司令 (Johannisberg Riesling)。

真正的雷司令有着非常挑剔的葡萄藤。如果种植的地方太靠近赤道，它会成熟得过快,葡萄酒中也不会有任何有趣的香气。当种植在远离赤道的地区,比如德国,雷司令则在这里达到它的顶峰,不过前提是它能够在一块环境优良的葡萄园中生长,从而才能有机会成熟。不同于那些不注重质量的德国酒厂所钟爱的那些容易早熟的葡萄品种,比如穆勒-图尔高(Müller Thurgau),德国优质的葡萄酒绝大多数都是雷司令,就像霞多丽一样,它在全世界许多产区也有广泛的种植,因为酿酒师们都渴望酿出那种令人激动的独特味道和德国原型的贵族气质。

作为一个白葡萄酒品种,雷司令有两个伟大的特征,就是它那与"terroir"非同寻常的交流能力,还有就是它能够随着陈年而完美地演变,甚至比品质最好的霞多丽更有陈年潜力。事实上,它在瓶中成熟的速度和梅多克(Médoc)产区长命的波尔多红酒非常相似。就像成熟的霞多丽和赛美蓉一样,陈年的雷司令也会呈现出一种更醇厚的颜色,通常是深金黄色,但同时会有一点绿色的色调。在瓶中演变多年后,雷司令会比自己年轻时的简单花香有了更多层次的酒香。它会渐渐地使你想起汽油的气味,不过还是会有非常诱人和极其纯洁的魅力。雷司令通常还会有一种钢铁味,但有果味的酸度是它最显著的标志。随着陈年,雷司令的酸度会变得越发明显,而葡萄酒中的所有甜味似乎会渐渐变淡。在瓶中陈年多年后,即使甜的雷司令尝上去也会开始有干的口感,最终会变得十分辛酸。

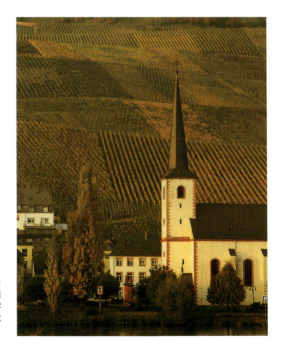

摩泽尔的皮斯博特(Piesport)产区,这里出产世界顶级的雷司令,不过令人困惑的是,它的名字却被极其平庸的皮斯博特米歇尔堡(Piesporter Michelsberg)借用。

特征指南

比较两瓶葡萄酒，一瓶是普通和便宜的圣母之乳 (Liebfraumilch) 或者尼尔斯坦优质东塔尔 (Niersteiner Gutes Domtal)，另一瓶是精心酿造、酒标上写有"雷司令"这个标签的德国葡萄酒，并且至少比前者贵2倍、最好是贵3倍的那种。请注意：便宜的那瓶酒尝上去多么像水。这瓶酒有任何与雷司令的香气和强度相似的内涵吗？哪一瓶葡萄酒尝上去更有趣自然是不言而喻的。

试着找一瓶5岁以上的、以果味丰富为风格的德国雷司令。口感更干的那些最好在3到4年内享用。酒标上写有珍藏 (Kabinett)、晚收 (Spätlese)或者精选 (Auslese)、并且没有"干"(trocken) 的那些都行。如果酒瓶中看上去有些白色结晶，请不用担心。它们不会有任何害处（参见第一章"无害的沉淀物"一节）。请注意：葡萄酒会从年轻时非常浅淡、并且有一点绿色的黄稻草色，变成现在更加金黄的颜色。然后闻一下葡萄酒，它应该会有非常与众不同的酒香，当然这也取决于它最初的质量如何。

一瓶非常优秀的德国葡萄酒会像顶级的波尔多红葡萄酒一样，有很多层次的香气，但当它步入老年之际，它通常会有一种让人联想到汽油或者煤油的气味，通常还会有不同层次的矿物质味道。以优质雷司令闻名的德国酒庄包括莱斯(Leitz)、楼森(Loosen)、伊冈·穆勒 (Egon Müller)、J.J.普朗(J.J. Prüm)、冯舒伯特 (von Schubert)和罗伯特·威尔 (Robert Weil)。

酸度和酒精度

雷司令随着陈年会有很大的变化，但即使在它年轻的时候，雷司令也会表现出非常爽口的酸度和相对较低的酒精度，常常只有8到11度，而酒精度更高的霞多丽会有12到15度的酒精含量。它那花香般精美的水果香味会让你的感官有十分清爽的感觉。由于这开胃的酸度和较低的酒精含量，与像霞多丽这样酒体饱满的葡萄酒相比，雷司令作为开胃酒要更加爽口得多，即使是那些含有不少水果甜味的雷司令葡萄酒也是这样。同时它也非常容易与美食搭配，尤其是那些有辣味的菜肴。

因为全球气候的变化，德国现在开始有许多完全成熟的干或者半干的雷司令葡萄酒。与那些酒精度更低、通常有明显的水果甜味的传统版本相比，这些葡萄酒能够和美食配合得更加出色。

霞多丽与雷司令

比较一瓶典型的霞多丽和一瓶典型的雷司令，注意两瓶酒都好像有一点甜味（分别来自酒精含量和葡萄糖分），并且雷司令有相当多的干浸出物（extract），也就是增加香气的矿物质成分，在酒精含量上雷司令会更低，它也会有更高的酸度。

试着找一瓶酒标上写着"顶级庄园"（Grosses Gewächs）、"干"或者"半干"的德国葡萄酒，看看你自己是喜欢口味干的德国雷司令，还是更喜欢有一点水果甜味来平衡酸度的那种风格。另外也请试着和食物一起品尝这两种不同风格的雷司令。

德国的雷司令

在葡萄酒世界里，就如同世界上所有其他的事物一样，我们拥有最少的东西恰恰就是我们最想得到的。在炎热太阳强烈的照射下，意大利南部和加州的酿酒师不顾一切地试图不让他们的葡萄酒中的酸度降得过低；而在德国葡萄种植的极北部地区，他们的同行却渴望更多的阳光，从而使他们的葡萄能够生长成熟，因此，德国葡萄酒的珍品就是天然糖分含量最高的那些。在这里，只有阳光最充足的年份才可以酿出一些货真价实的甜葡萄酒。为了将最后的每一丝阳光都捕获到酒瓶中，雷司令颗粒精选（Beerenauslese/BA）和干浆果颗粒精选（Trockenbeerenauslese/TBA）的丰收日期都会非常晚，因此他们也能够提供更多的优质贵腐甜酒，在德国叫做伊都菲勒（Edelfäule），当然也都价格不菲。

TBA和BA这些甜味十足的葡萄酒，价格通常都出奇地高。然而有意思的是，那些口感只是在半干到半甜之间的葡萄酒，常常都有十分不错的性价比，包括"晚收"和"精选"，就连那些更轻柔、通常也更干的"珍藏"也是这样，尤其是在它们都已经被陈年许久以后，因为一般来说，德国标价系统好像都不怎么在乎通货膨胀这个问题。这些葡萄酒能够非常形象地告诉你，雷司令陈年后会变成什么样子。

阿尔萨斯的雷司令葡萄正在
吸收秋天的每一缕阳光。

　　德国的葡萄酒充分说明了气候对葡萄酒味道的影响，即使是那些相距
较近的产区也可以证明这个事实。德国葡萄酒的酒瓶都是绿色和棕色的，
从传统上来讲，绿色的酒瓶说明这些酒是产自摩泽尔河（Mosel）和它的支
流区域，也就是萨尔河（Saar）、鲁韦尔河（Ruwer）；而棕色的则是来自莱
茵河地区，比如莱茵高（Rheingau）、莱茵黑森（Rheinhessen）和普法尔
茨（Pfalz）。摩泽尔河产区比莱茵河的葡萄园气温更低，因此生长在摩泽尔
河岸陡峭斜坡上的葡萄树能够酿造出口感更轻、味道更清爽的葡萄酒。它
们中的一些可能只有7%的酒精度，而产自莱茵河的葡萄酒中的酒精含量至
少会高1度，并且尝上去口感明显更加丰满。向上游前进，经过莱茵高到达
莱茵黑森和普法尔茨，你会遇到酒体越来越饱满的葡萄酒，因为更多充足的
阳光使它们更加成熟，从而获得了更多的强度。

世界各地的雷司令

　　雷司令与更加华丽的琼瑶浆一起并称为阿尔萨斯产区最受尊敬的葡萄
品种，而阿尔萨斯与德国最南部的葡萄酒产区巴登（Baden）只相隔一条莱
茵河。从某个角度上说，阿尔萨斯雷司令能够更清晰地表现出这个葡萄品种
的香气特征。说出果味更丰富的德国雷司令和阿尔萨斯雷司令之间的区别
应该是一件很容易的事情，因为阿尔萨斯酿酒师会将葡萄中所有的糖分都
发酵干净，酿造出干的葡萄酒，有些甚至是盛气凌人的超干葡萄酒。它们闻
上去仍然有芬芳的花香味，但在味觉上却是干的。婷芭克（Trimbach）圣
桅楼葡萄园的雷司令（Clos de Ste Hune）是世界上最顶级的雷司令之一。

在欧洲，另一个雷司令据点是奥地利，这里也能够酿造出世界上一些顶级的雷司令，同时具备了阿尔萨斯葡萄酒中干的味道与最优秀德国酒的芳香和明朗。在瓦豪(Wachau)产区能够俯瞰到多瑙河边梯田上种植着雷司令的多石的葡萄园，这些酒标上写有"祖母绿"(Smaragd)的葡萄酒可以是最华丽和酒精含量最高的雷司令，不过它们尝上去通常都是干的。其他顶级奥地利雷司令的产区包括瓦豪地区附近的克雷姆斯谷(Kremstal)和坎普谷(Kampftal)。

雷司令在澳大利亚也被广泛地种植，有时在酒标上写成莱茵河雷司令，尤其在南澳洲，因为那里在上世纪末有一股来自西里西亚(Silesia)的移民潮。以出产雷司令最为著名的两个产区是伊顿谷(Eden Valley)和克莱尔谷(Clare Valley)。因为是生长在南半球的葡萄园，丰收期都在2月和3月，这也就意味着这里的葡萄酒会比同一年份的欧洲葡萄酒大6个月。此外，澳大利亚莱茵河雷司令陈年速度比德国雷司令更快。仅仅在3岁以后，它们就可能会变成深黄色，并且会很匆忙地发出各种各样有趣的像汽油味般陈年迹象的香气。便宜的雷司令会有稍微苍白无力的气味，但你会发现那些更优质的葡萄酒会是完全地不一样，比如像葡萄之路(Petaluma)、戈洛赛特(Grosset)、纳普斯坦(Knappstein)、狗鱼(Pike's)和奇利卡努(Kilikanoon)这样的酒厂出产的那些。这些酒厂的葡萄酒都有超干的味道和货真价实的活力和结构。

非德国产的雷司令

比较同一年份的阿尔萨斯雷司令和德国雷司令。请注意，德国葡萄酒里有更低的酒精含量，为了使葡萄酒有更高的酒精含量，在发酵过程中往酒中加入糖分是阿尔萨斯酿酒师的例行公事。阿尔萨斯的葡萄酒似乎口味更干，钢铁味也更重。试着说出它们有哪些相同的特征，因为这将是雷司令的精髓。现在再比较一下一瓶澳大利亚雷司令，注意和更甜的德国雷司令相比，它有更加饱满的酒体，而且也更容易和美食搭配。

雷司令在美洲有一段充满波折的历史。南美洲大部分葡萄酒产区对这个品种来说都太过炎热，不过有一些智利酒庄正在极南边的地区试验种植雷司令。在北美洲，"雷司令"这个称呼被用在几乎所有各种各样与高贵的德国雷司令毫无关系的品种和葡萄酒上，但货真价实的雷司令能够在北美洲一些最冷的产区茁壮成长，最有名的就是加拿大安大略省(Ontario)和纽约州的五指湖(Finger Lakes)地区，一些从这里出产的口味超干的雷司令能够成为最优质的葡萄酒。

最近，华盛顿州也开始自称为雷司令专家，并且正在显著地增加种植这个品种的面积。

白诗南与产量的重要性

白诗南 (Chenin Blanc) 是另一个被轻视的葡萄品种，并且不同寻常的是，它在全世界的葡萄酒产区都被广泛地种植着，以它酿造的葡萄酒在味道上也有极大的不同。其中大部分都是相当普通的葡萄酒，但最好的那些可以在瓶中继续成熟几十年。

白诗南的原产地是卢瓦尔河谷，具体地说，是密斯卡黛产区和遥远的桑赛尔、普伊－芙美葡萄园中间很长的一段区域。它主要是用来酿造安爵 (Anjou) 和索谬尔 (Saumur) 产区的静态酒和起泡酒，还有武弗瑞 (Vouvray) 与梦路易 (Montlouis) 产区的静态酒、起泡酒、甜酒和干白葡萄酒的基本品种。即使在面积很小的武弗瑞产区，白诗南也能够充分地表现出自己的多样性。在这个产区中，它酿造出的葡萄酒可以有各种程度的甜度、气泡和潜力。普通的卢瓦尔河白诗南有着淡淡的蜂蜜和花香的气味，还有一种淡淡的、一定不会让人反感的潮湿稻草味。就像所有产自卢瓦尔河谷的葡萄酒一样，这些普通的白诗南也有许多的酸度，还记得前面讲的卢瓦尔河的长相思尝上去是什么样的感受吗？

然而，在卢瓦尔河产区有一些面积十分小的葡萄园，这里种植的白诗南可以酿制出甜如蜂蜜一般的葡萄酒，这些酒如果不能说长寿无疆的话，至少也肯定可以陈年几十载。在它们年轻的时候，酒中酸度是如此之高，以至于很难让人相信它们会含有那么多的糖分。但是，随着葡萄酒的逐渐成熟，它们能够演变出一种可爱的、圆润的、几乎是"黏性的"特征，使它们尝上去更像是糖浆。来自武弗瑞和梦路易这些产区的葡萄酒通常会有各种各样不同程度的糖分，从干 (法语是sec)、到半干 (demi-sec)、到超甜 (moelleux)。在瓶中陈年十几、二十几年后，葡萄酒的颜色会呈现出一种奇妙的金黄色光泽。不过，一瓶卢瓦尔河白诗南的线索就是，无论有多老，无论有多甜，葡萄酒中总是会有非常高的酸度，同时还有一些蜂蜜的味道和夏天花香的韵味。

白诗南在加利福尼亚和南非都有广阔的种植面积，到目前为止，它是南非种植面积最广的葡萄品种，并且在澳洲和南美也有生长。然而，不同寻常的是，这些地区大多数的葡萄酒和卢瓦尔河的白诗南之间的区别是如此不同。普通的加州白诗南没有鲜明的香气，口味有点干，主要生长在中央山谷(Central Valley)，产量极高，并且主要用于酿制简单直接的、半干的廉价葡萄酒，它们提供给酿酒师一个能够不错地展示自己技术的机会。南非的白诗南也很不一样，它们的酸度会稍微高一些，有时也会有一点点气泡，但只有在那些最优秀的葡萄酒中，才会有一点卢瓦尔河白诗南那种富饶味道的迹象。

特征指南

品尝任何酒标上写有安爵、索谬尔或者武弗瑞的白葡萄酒，体验一下简单朴实的卢瓦尔河白诗南的味道。注意它的果味和那种开胃的特性。葡萄酒的酸度会非常高，并有一些蜂蜜般的、很像是桃子似的香气，和雷司令相比明显有更饱满的酒体和"宽度"。有来自莱昂坡(Coteaux du Layon)、卡德尚姆 (Quarts de Chaume) 和博讷佐 (Bonnezeaux) 产区，还有那些以质量为主的武弗瑞酒庄的白诗南，比如雨艾 (Huet)、纳于丁园 (Clos Naudin) 和德拉·碧特酒庄 (Domaine de la Butte) ，这些葡萄酒的质量都非常明显地更加高档，并且与它们本身的价值相比的话，价钱通常都低廉得可笑。这些葡萄酒都有金黄的颜色和货真价实的蜂蜜味道，尤其是当贵腐出现的时候，就像一些2005年份的卡德尚姆、博讷佐和武弗瑞。它们的酸度总是会非常高，但酒的丰富感会随着陈年逐渐加强。在我所品尝过的这种类型的卢瓦尔河葡萄酒中，还从来没有遇到过一瓶好像已经开始走下坡路的，其中有几瓶还产自上世纪20年代。

用刚才那瓶卢瓦尔河白诗南与一瓶产自南非的做比较。它们尝上去好像几乎不可能是用相同的葡萄品种酿造出的，对吧？便宜的南非葡萄酒中的香气和强度要少得多。要想体会那些最优质的南非白诗南的味道，就得选一瓶酒标上自称种植方式是"灌木式葡萄藤" (bush vines) 的葡萄酒，也就是葡萄藤不需要长在藤线上的种植法，因此它们的产量通常会更低。

为什么同一品种的葡萄酒在味道上会有这么大的变化？其中一个可能解释是这些不同产区培育出白诗南品种不同的无性系 (clone) ，但一个不容置疑的因素就是产量的问题。概括地说，如果葡萄藤被要求生产过多的果实，那么与被更加严格修剪过的葡萄藤相比，它结出的葡萄就会缺乏香气和特征，即使两个葡萄藤的生长环境完全相同。南非和加州白诗南的平均亩产量比卢瓦尔河要高出许多，这或许也解释了为什么许多新世界葡萄酒尝上去是那么地索然乏味。

隆河谷的白葡萄酒：越来越时髦

正当法国东南部隆河谷 (Rhône Valley) 的红葡萄酒变得越来越时髦的时候, 这里的白葡萄酒也没有落伍。

孔德里约产区的维欧尼葡萄园, 这里的山坡非常陡峭,
因此不得不将其修成梯田才可以种植葡萄。

隆河谷中最时髦的是维欧尼（Viognier），这个香气扑鼻的葡萄品种的家乡是法国里昂北面、隆河右岸的孔德里约（Condrieu）产区。如今它在法国南部的朗格多克（Languedoc）产区和加州的一些地区都有广阔的种植面积，在南半球也越来越流行。维欧尼酿造出的葡萄酒通常都有十分丰满的酒体，并且有几乎像琼瑶浆那样特别和强烈的香气。既有新鲜的杏子味，也有杏干味，山楂花也是经常用来形容它的词汇。

最有生机和最优雅的隆河谷白葡萄品种是胡珊（Roussanne），它传统上是和埃米塔吉产区（Hermitage）的白葡萄酒联系在一起，但如今在整个法国南部都可以找到。它同样也有丰满的酒体，你通常可以通过它那青柠檬花般的青绿酸度辨识出它，还有那种让人想起青梅（也叫做西洋梨）的香气。胡珊的经典调配伴侣是玛珊（Marsanne），它是个口感更加宽广的品种，但通常缺乏酸度，并且尝上去非常像杏仁蛋白软糖，尤其是那些产自澳大利亚的版本。目前它在法国南部也有广阔的种植面积。

特征指南

现在维欧尼的单品种葡萄酒越来越容易找到。孔德里约和格瑞雷堡(Château Grillet) 是两个专门用维欧尼品种来酿酒的产区，但你也可以找一些产自朗格多克、加利福尼亚、澳大利亚和南非的维欧尼单一品种葡萄酒。澳洲的亚伦巴（Yalumba）和加州的阿尔班（Alban）都是非常典型的样本。优秀的孔德里约酒庄包括邱依乐蓉（Cuilleron）、冈罗弗（Gangloff）、尼业霍（Niero）、威尔拉（Villard）、吉佳乐(Guigal) 和狄拉（Delas）。你有时可以在席拉子/席拉（Shiraz/Syrah）中闻到维欧尼的香味，因为将一点维欧尼和席拉子/席拉一起发酵的话，它可以帮助稳定席拉子/席拉的颜色。

胡珊和玛珊

试着找一下这两个北隆河谷白葡萄的单品种葡萄酒；加州的中央海岸产区（Central Coast）和法国南部应该是最有希望能够找到它们的地区。我曾经品尝过的第一瓶顶级胡珊单品种葡萄酒是教皇新堡产区博卡斯特尔庄园（Château de Beaucastel）的特别调配，并且是在橡木桶中发酵并陈年的。澳大利亚的维多利亚州也有非常多的玛珊种植面积。加州出产这两个品种的酒厂包括阿尔班、雷纳德（Renard）和安德鲁·穆雷（Andrew Murray）。塔比尔克（Tahbilk）和米歇尔顿（Michelton）是澳洲玛珊的专家，而澳洲最优秀的单品种胡珊葡萄酒是产自伊奥利亚（Aeolia）酒庄。

其他葡萄品种

白歌海娜（Grenache Blanc）是南隆河谷红葡萄品种歌海娜（Grenache）的白皮肤版本，它没有玛珊和胡珊那么尊贵。事实上，有时候它的口感简直是十分粗糙，大部分都有非常饱满的酒体。因此，作为调配酒的一个部分，它可以加强葡萄酒的酒体。白歌海娜在法国南部最容易找到，在西班牙里奥哈白葡萄酒中，它被称做"Garnacha Blanca"。

楼尔（Rolle）是一种十分清爽的葡萄品种，在法国，只有朗格多克-鲁西荣（Languedoc-Roussillon）产区有所种植。在意大利，它的名字叫做威蒙涕诺（Vermentino），可以在撒丁尼亚岛（Sardinia）上找到它。

品诺家族

霞多丽有许多堂兄弟，其中两个与他们共同的父亲黑品诺（Pinot Noir）有同样的姓氏。

白品诺(Pinot Blanc)在意大利东北部有大量的种植，在那里它叫做"Pinot Bianco"；而在讲德语的国家，它的名字是外斯布艮德（Weissburgunder）。它尝上去确实有点像浮华艳丽的霞多丽的一个羞怯的小堂弟。白品诺同样也有很开放的气味，但香气却有些模糊不定，没有什么特色，也许有更多一点的烟熏味。

灰品诺（Pinot Gris），也就是广为流行的意大利Pinot Grigio。它有十分明显的粉红色葡萄皮，并且常常会释放一些色素到酒中，因此葡萄酒会有一种很有特色的深金黄色。灰品诺通常都有很高的酒精含量，也有非常香浓的气味。与意大利东北部的灰品诺相比，阿尔萨斯的灰品诺会有更多这些特征，这个产区也是这两种法国品诺的家乡。现在在俄勒冈州（Oregon）已经是酿造灰品诺的专家了，它在澳大利亚和新西兰也变得越来越受欢迎。

特征指南

比较同一个酒庄酿制的白品诺和灰品诺，最好是产自同一个年份的。阿尔萨斯可以提供很多这样的例子，在意大利东北部的富卢利（Friuli）也可以找到。灰品诺的酒体应该明显地更加丰满，由于那些粉红色的葡萄皮，它的颜色会更深，香气也更加奇特。从另一方面看，白品诺则更像一个苍白无力的霞多丽。

霞多丽的第三个堂弟是勃艮第香瓜（Melon de Bourgogne），一个口味十分平淡的葡萄品种，卢瓦尔河入海处的密斯卡黛（Muscadet）葡萄酒就是完全用这种葡萄单独酿造的，这里的酒几乎都有点咸味。

一些地方特产

阿尔巴林纽(Albariño)

这是西班牙西北部潮湿且温暖的加利西亚(Galicia)地区最优良的葡萄品种，现在变得越来越受欢迎。它可以酿制出活泼的、有柠檬香味的葡萄酒，并且有很有力的结构性。就在国界对面的葡萄牙北部地区，它也是一种很有价值的葡萄，在这里叫做阿尔瓦利尼欧(Alvarinho)，是用来酿造绿酒(Vinho Verde)葡萄酒的最尊贵的品种。

绿瓦特琳娜(Grüner Veltliner)

这是奥地利的特产，能够酿制出有香料味、酒体丰满的葡萄酒，闻上去有时也许会有些古怪的香气，像是莳萝(dill，又名洋茴香)和撒过胡椒粉的泡菜小黄瓜的味道，这听上去可能有些令人倒胃口，但如果产量被控制得很低的话，绿瓦特琳娜的葡萄酒经过陈年能够变成勃艮第白葡萄酒强有力的竞争对手。

富尔民特(Furmint)

这是匈牙利最庄重的葡萄品种，也就是颇具传奇色彩、能够长命百岁的托卡伊(Tokaji)甜酒中最重要的品种。这种葡萄酒有很深的杏果颜色，尝上去也有杏子味，还有一种我只能形容为茶褐色灰尘的味道，至于这个香气的强弱程度则要取决于酿酒技巧的传统化程度。

匈牙利托卡伊产区的葡萄园。

一些常见的"苦力"葡萄品种

鸽笼白（Colombard）

在加州它被称为法国鸽笼白，种植地区极其广泛。鸽笼白能够酿制出口感稀薄、酸度极高的葡萄酒，它通常被蒸馏成白兰地，或者和像霞多丽这样香气更丰富的时髦品种调配在一起，偶尔也会与白诗南或者长相思调配在一起。

特莱比安诺(Trebbiano)／白玉霓(Ugni Blanc)

它们分别是一种广泛种植、酸度很高的葡萄品种在意大利和法国的名字，这一品种在意大利中部尤其常见。请不要期望它有太多的香气和味道。

意大利炎热的阿布鲁佐 (Abruzzo) 地区种植的特莱比安诺葡萄品种。

修建整齐的香槟葡萄园，这里的葡萄酒
几乎总是被调配在一起。

常见的调配白葡萄酒

波尔多或者其他地区，尤其是澳大利亚

长相思与赛美蓉。

法国南部和加利福尼亚

一些维欧尼、玛珊、胡珊、白歌海娜、楼尔和白玉霓的不同组合。

澳大利亚

赛美蓉与霞多丽。

匈牙利的托卡伊

富尔民特与哈斯雷韦律 (Hárslevelü)。

香槟和其他高质量的起泡酒

霞多丽、黑品诺、莫尼耶品诺 (Pinot Meunier)。参见第五章"调配配方"一节。

第四章　红葡萄品种

如何酿制红葡萄酒

　　酿制白葡萄酒的原理已经在第三章开始处有所介绍。如果你使用相同的步骤来酿造黑颜色的葡萄，你会吃惊地发现，你酿出来的葡萄酒竟会是白色的，或者是非常苍白的粉红色。这是因为除了少数几种古怪的葡萄品种外，所有葡萄的果肉都是一个颜色：浑浊的绿色。改变颜色的成分，也就是色素，只存在于葡萄皮中，同时那也是丹宁最集中的地方。

　　为了酿造红葡萄酒，或者说使葡萄酒变成红色，本质上就是要将葡萄皮和果汁接触一段时间，这样色素就可以从葡萄皮中被吸取出来，酿出的酒就是红色的了。而且方便的是，发酵过程中释放出的热量会使葡萄变成一种"闷炖"的状态，这同时也加速了吸取颜色的过程。除此之外，红葡萄酒的发酵和白葡萄酒没有什么区别。

　　在第一章"视觉搜索"部分，我们分析了有哪些因素对葡萄酒的颜色深浅有所影响。有些葡萄品种会有更高的天然色素。歌海娜是属于浅色的葡萄，黑品诺的某些克隆品种也是；而赤霞珠和席拉的葡萄皮都很厚，因此可以给果汁提供更多的色素。此外，有些年份的天气也会使葡萄生长出更厚的葡萄皮。如今很多酒厂都非常热衷于酿造深颜色的红葡萄酒，他们常常会特意最大化地提取葡萄中的色素。

　　用这种将葡萄皮和果汁接触较长时间的工艺，酿酒师可以使最终的葡萄酒有更深浓的颜色。然而，这种工艺一定不能使用得太过火，否则苦涩的丹宁就会与色素同时被提取出来。用圈内人的话来说，果汁可以"留在葡萄皮上"的时间，短则几天，长到几个星期。额外的颜色和丹宁可以用压榨剩余葡萄皮的方式获得，然后再将这些"压榨酒"添加到那些从发酵池中抽出或者自然流出的葡萄酒中。

　　另外一种酿制红葡萄酒的方法叫做二氧化碳浸渍法（carbonic maceration），也叫做整粒葡萄发酵法（whole grape fermentation），这种工艺能够从葡萄中快速提取出很多颜色。博若莱（Beaujolais）葡萄酒就是最典型的代表，它在不压裂葡萄的情况下进行发酵。热量会在葡萄内聚集起来，在二氧化碳的作用以及没有氧气的情况下，另一种酒精发酵会自然出现。这种工艺能够酿出非常柔顺而且果味丰富的葡萄酒，但这些酒都不适合陈年，因为虽然它们有十分深浓的颜色，却没有很多丹宁。顺便说一下，在发酵罐底部的葡萄会因为上面葡萄的重量而被压碎,也就是说这些葡萄会通过传统的方式发酵。

不同肤色

找来一粒黑皮葡萄和一粒白皮葡萄,剥下葡萄的皮,你会发现如果没有葡萄皮,它们是很难区分开的。实践证明,如果在发酵前让果汁从葡萄皮中小心地流出,也就是说不与葡萄皮有多余接触,那么黑皮葡萄也可以酿成白葡萄酒。你现在可以想象一下香槟酒,当然,如果能喝到一些那就更棒了。大多数用于酿制香槟的葡萄品种都有深色的果皮,详见第六章。那些被称为黑中白(Blanc de Noirs)的香槟酒就是用深色葡萄酿制的白葡萄酒,只要很轻微地压榨葡萄,并且不让果汁和葡萄皮有任何接触就可以了。

美酒时间

顶级波尔多红葡萄酒,比如一瓶来自"列级庄园"(classed growth)的佳酿,也就是在酒标上写有"Cru Classé"、属于著名的1855年梅多克(Médoc)和格拉夫(Graves)分级中的酒庄,很明显的特点之一就是这些酒都经历了较长的浸皮

过程,也就是果汁和葡萄皮一起浸泡的时间。如果你的经济实力允许的话,买一瓶这个级别的葡萄酒,和一瓶同一年份但更平凡的、那些不属于1855年分级的"小酒庄"(petit château)的酒,或者一瓶普通的波尔多产区的葡萄酒,比较它们的颜色,然后体会一下更贵的那瓶酒是否有更丰富的香味,更多的丹宁,而且余味更悠长。原因之一就是它和葡萄皮接触的时间更长,当然,它也是产自一个更优秀的环境,也就是所谓的"terroir"。

二氧化碳浸渍法

要想更好地体会二氧化碳浸渍法和类似的工艺能够使葡萄酒表现出深厚的颜色和丰富果香的魅力,享受一瓶博若莱葡萄酒将是不错的选择。注意酒中的丹宁含量很低,但却有柔软迷人的特性,尤其是那富裕的果香,这些葡萄酒的最佳享用时间通常就在酿制后的几个月。详见后面介绍的佳美(Gamay)。

红葡萄酒与橡木

橡木的使用在红葡萄酒的酿制中比白葡萄酒更加普遍。很多酒庄在酿造红葡萄酒时都喜欢使用很多新的小橡木桶,以此赋予葡萄酒更丰富的质感和香气(见第三章的相关介绍)。唯一的不便就是橡木桶昂贵的价钱,还有保养它们所需的劳力。

当葡萄酒被储存在微孔多的木制容器中时,它的挥发速度会很快,因此每个木桶都需要定期加满,这样空气才不会与葡萄酒发生反应,使酒氧化变质。葡萄酒在发酵后会在酒中留下一些酒渣,木桶能够促进这些酒渣自然沉淀。这对葡萄酒来说是一件有利的事情,只不过酒不得不从沉淀的酒渣上面倒出、抽出或者"换桶"(rack),否则葡萄酒会产生一种不新鲜的味道。这也就意味着在管理有序的酒窖中,葡萄酒会有系统地从一个木桶转移到另一个木桶中,并且那些用过的木桶会被仔细地清理和修整。任何在新木桶(通常都是橡木桶)中陈年的葡萄酒,基本都会比那些没在这种奢侈的"房间"中住过的酒要贵很多。

木桶的替代品是用不锈钢或者其他惰性物质做的大酒罐,它们更容易清洗,而且葡萄酒储存在其中也不会有被挥发的危险。不过,这样的葡萄酒尝上去味道也会简单许多,虽然比那些在木桶中陈年的酒会有更明显的果香,但同时也缺少橡木所特有的那层香气。

波尔多红葡萄酒是木桶陈年的最佳例证。所有波尔多列级庄园都将他们的酒存放在那种传统的50加仑(225公升)波尔多小橡木桶中。另外许多不属于列级庄园的酒庄也会用同样的工艺,以此来酿制出能够长期陈年的出色的葡萄酒。酒庄

波尔多玛歌酒庄的酒窖。

地位越高,它的庄主就承担得起越多的新木桶,而我们也需要等更长的时间让他的葡萄酒达到完美状态。也有一些波尔多红酒,通常价钱都不会超过20美金,它们需要在活泼的青年时期被享用,而不需要长久地陈年。这些葡萄酒通常都没有接触过橡木桶,因此它们的特点是那些新鲜的果味,在出生一到两年后就可以被享用。比较这些不同风格的红酒,这样就可以更清晰地认识到波尔多葡萄酒在小橡木桶中存储过18个月后其效果会是如何。

橡木的效果

你可以运用前面学习到的练习来演示波尔多红葡萄酒和橡木的完美组合。选一瓶年份较近的来自梅多克或者格拉夫的酒庄的红葡萄酒,再选一瓶廉价的普通波尔多产区的红葡萄酒,就是那些便宜到不可能在任何橡木桶中陈年的葡萄酒,相互比较一下它们的不同。后者是储存在不锈钢等惰性材料制成的容器中,注意它尝上去口感较轻,而且果味很浓,还有几乎感觉不到的丹宁。而第一瓶葡萄酒的丹宁含量则要高出许多,而且香气也应该更加复杂,在那种雪松般的橡木味之后,会有第二瓶酒中那种直接的果香味,但两瓶酒之间的不同其实就像巴罗洛和博若莱之间的区别那么大。或者你也可以选一对来自同一产区的赤霞珠来对比,不过请仔细读一下酒标,确定其中只有一瓶是在橡木桶中陈年的。

橡木的种类

正如我们在上面所说的那样,一个橡木桶使用过的次数也会影响到葡萄酒最终的味道。木桶越新,葡萄酒就会得到越多的香气和丹宁。等级低一些的波尔多酒庄会把他们的酒放在一些旧木桶中储存,而这些木桶曾经有可能是被另一些更有钱的酒庄使用过,因此将酒放在这些旧木桶中陈年的效果也不会像顶级葡萄酒中那么明显。

橡木的生长地区、风干的确切方式以及烤焦的程度和橡木条的厚度,都将最终与葡萄酒的味道有所关联。橡木基本上可以分成美洲橡木和欧洲橡木两种,通常欧洲橡木都是来自法国,但偶尔也有产自东欧的。法国橡木尝上去更加拘谨和鲜美,而典型的美国橡木味道则更甜,并且有强烈的香草味。然而,如今那些精心制作和风干的美国橡木与法国橡木完全同样有效,而且比那些劣质的法国橡木还要好得多,不过它们还是更适用于产自相对温暖地区的香气更宽广明朗的葡萄。

西班牙经典的红葡萄酒里奥哈（Rioja）是在美国橡木桶中陈年的葡萄酒的最佳典范，不过现在越来越多的里奥哈酒庄都开始使用法国橡木。大部分酒标上有存酿（Crianza）、珍藏（Reserva）或者特级珍藏（Gran Reserva）封条的里奥哈红葡萄酒都在美国小橡木桶中存储过一段时间，通常都是两年或者更久，因此这些酒都有非常独特和香甜的香草味。里奥哈红酒应当是最容易辨别出的葡萄酒之一，其原因不是葡萄品种的不同，因为这些酒大部分都是由添普兰尼洛（Tempranillo）、歌海娜或其他一些当地葡萄品种调配而成的；而是因为酒中有美国橡木的香气，这是它最主要的特征。另一个里奥哈葡萄酒的特点就是它那相对较轻淡的颜色，比起其他大部分葡萄酒产区，里奥哈酿酒师会更加经常地将葡萄酒从一个木桶移到另一个木桶中，也就是所谓的"换桶"，这种工艺也能使酒的颜色更加浅淡。

橡木质量

试着比较一瓶列级庄园（Cru Classé）的波尔多红酒和一瓶稍微差一些的酒庄的葡萄酒，比如那些在酒标上印有"cru bourgeois"的葡萄酒和比1855年分级低一档的酒庄的酒。你会发现更优质的葡萄酒中有更多的香气，丹宁含量也更高，这是由于它的"婴儿时期"是在更新、更强劲的橡木桶中"住过"的原因。

里奥哈葡萄酒和橡木桶

品尝一瓶在酒标封条上写有存酿、珍藏或者特级珍藏的里奥哈红葡萄酒。确定它的年份至少是3年以前的。通常情况下，CVNE、赫瑞蒂亚·德·洛佩兹（Lopez de Heredia）、穆佳（Muga）和橡树河畔（La Rioja Alta）出产的里奥哈红葡萄酒都是用传统方法酿制，而且质量尤其可靠的。注意葡萄酒那浅淡的红色和稍带茶褐色的色调，里奥哈酒中不应该有任何沉淀物，因为它已经从酒渣上换桶过很多次了。现在好好地闻一下，是否有一种温暖感？有香草味，好像还有些甜味，像温暖的草莓？注意这种美国橡木的丰富香草气味和优质而年轻的波尔多红葡萄酒中那种法国橡木拘谨的雪松味是多么地不同。

走遍世界的赤霞珠

所有的葡萄酒爱好者都应该向赤霞珠 (Cabernet Sauvignon) 致敬。

黑品诺也许造就了几千瓶伟大的勃艮第红葡萄酒，但赤霞珠是全世界几百万瓶极有陈年潜力的葡萄酒的主要原料。因为赤霞珠的葡萄颗粒都很小，皮却非常厚，因此葡萄皮和果汁的比例就很高，而且有丰富的色素和丹宁。此外，赤霞珠这个品种既能酿造出高品质的葡萄酒，又有能力适应许多不同的气候和土壤，同时还葆有自身基本特性，这些都是赤霞珠成功的原因。

全球化的吸引力

赤霞珠这个品种多少有些像英语这种语言。它的原产地是波尔多，这个曾经被英国人占据的地区，而现在赤霞珠能够在世界各地找到，都有相似的"语法"，但却有不同的"口音"，尤其在美洲、南非、澳大利亚和新西兰，这些较新的葡萄酒产区都将重点放在"葡萄品种酒标" (varietal labelling) 上，所以我们可以很容易就挑出这个伟大的红葡萄品种酿制的葡萄酒。然而在波尔多，赤霞珠几乎不会出现在酒标上，因为波尔多红酒几乎都是由几种不同的葡萄品种调配而成的，主要包括赤霞珠、美乐 (Merlot) 和品丽珠 (Cabernet Franc)；还有一个原因是法国法定产区管制系统的主要目的是集中在地理方面。如果你从一瓶葡萄酒的酒标上知道任何一个左岸产区的名字，那么这瓶酒的主要品种肯定是赤霞珠。

纳帕山谷的一号乐章酒庄 (Opus One)，赤霞珠是这个产区的主宰。

特征指南

为了能够认识到赤霞珠在它老家波尔多的风格下会是什么味道，买一瓶你能够承受得起的最昂贵的波尔多红葡萄酒。标准的波尔多酒瓶可以很容易认出，它们有笔直的侧边和狭窄的瓶颈，在酒标上都会很显著地印出酒庄的名字。酒标上印出的"产区名字"是挑选优质酒的线索。"波尔多"是最基本的产区，这个产区的葡萄酒也许不能完美地帮助你建立自己对赤霞珠的味觉印象。"特级波尔多产区"有着同样等级的质量，只不过意味着葡萄酒有稍微高些的酒精含量，例如是13度而不是12.5度。

大部分真正优秀的波尔多红葡萄酒都是来自某个更明确的产区。挑选一瓶被公认为世界上赤霞珠最出色产地的葡萄酒：包括圣艾斯代夫、波雅克、圣于连、玛歌、上梅多克、佩萨克－雷奥良和格拉夫。这是赤霞珠在波尔多吉伦特河"左岸"的老家。那些更加内陆的产区，比如圣艾美侬和波美侯，它们无法受到海洋温暖的影响，因此很难使赤霞珠能够完全成熟。一些酒庄的葡萄园中种植的赤霞珠占据着很高的比例，因此它们出产的葡萄酒能够出色地表现出赤霞珠品种的特征，包括拉图堡、木桐堡、迪仙酒庄、杜特、宝爵酒庄和拉罗维耶。不过赤霞珠更应该是以上那些左岸产区葡萄酒中的主要品种。

注意你那瓶优质波尔多红葡萄酒中一切特征的强度：颜色、味道和余味，在这瓶酒中都尤其显著。波尔多红酒中唯一相对较低的成分就是它的酒精度。

仔细闻一闻这瓶葡萄酒，试着记住黑醋栗的味道。如果葡萄酒在新橡木桶中陈年过的话，黑醋栗这种葡萄本身的果香有可能会被橡木的香气所掩盖。如果想要感受一下纯粹的葡萄果香，最好还是来试一下最便宜的普通的波尔多红酒。

产于美隆修士酒堡 (Clerc Milon)，波雅克产区的列级酒庄。

赤霞珠葡萄——深蓝色的果实，粗厚的果皮，
还有结实的葡萄藤。

赤霞珠品种

　　请记住，和大众观念相反，赤霞珠并不是波尔多种植最广的葡萄品种（参见后面对美乐品种的介绍）。大部分属于普通波尔多产区的红葡萄酒都是以赤霞珠的风格酿制的，即使它们都含有很高比例的其他波尔多葡萄品种。

　　赤霞珠葡萄本身颗粒小，有非常深的蓝色，而且葡萄串长得很密实，因此当葡萄被压榨和发酵的时候，会赋予果汁许多丹宁和颜色。年轻而且完全成熟的赤霞珠的特征就是其十分深厚的紫墨水颜色和黑醋栗的果香味，与和它有关的长相思多少有那么一点相似，还有就是通常都有很高的酸度和丹宁。不够成熟的赤霞珠会给人一种消瘦和酸涩的口感，而且闻上去有青草味或者树叶味，一种非常"草本味"的感觉。波尔多红葡萄酒与来自炎热产区的赤霞珠不同，虽然酒体只是中等，但香气却非常浓烈，而且余味都很悠长。一瓶出色的赤霞珠能够优美而长久地陈年，实际上是因为其丹宁含量尤为丰富，这些酒本身也确实需要长时间的陈年。

走遍全球

为了更好地掌握赤霞珠的味道，你可能不得不品尝来自世界各地的大量的赤霞珠葡萄酒。在法国，除了波尔多，赤霞珠在许多其他产区也有广泛的种植面积，包括边远的西南地区，比如柏杰哈克（Bergerac）和马蒂让（Madiran）产区，还有朗格多克（Languedoc）和普罗旺斯（Provence）地区的某些产区。在这些地方，赤霞珠常与席拉调配起来。卢瓦尔河谷也有越来越多的赤霞珠葡萄园，但在很多年份，它都很难在这里完全成熟，并且通常都会与品丽珠调配起来（参见后文的详细介绍）。尽可能多地品尝来自各个产区的赤霞珠。产自东欧的赤霞珠，比如保加利亚、罗马尼亚和匈牙利的赤霞珠，都十分简单，性价比也不错，不过要当心保加利亚赤霞珠中过分浓烈的橡木味。如果你想要品尝果香更浓烈的赤霞珠，智利是个很棒的选择，这里的赤霞珠酒精度不会夸张地过高，丹宁含量通常也比较低一些，而且还会有一种不会弄错的鲜花芳香。阿根廷的赤霞珠会更浓缩一些，有些几乎会稠密到像糖浆一般的程度。当你有机会品尝这些葡萄酒的时候，试着体会赤霞珠本身的特征。

赤霞珠与气候

因为赤霞珠在许多各种不同的环境下都有种植，所以它可以帮助我们了解不同的当地气候对所出产的葡萄酒会有何影响。不过请记住，赤霞珠永远不可能像霞多丽那样几乎在所有的地区都有广泛的种植面积，因为它是个晚熟的品种，所以只能在足够暖和的产区才能茁壮成长。

位处大西洋沿海、拥有温和气候的波尔多在某些年份仍旧无法使赤霞珠完全成熟。但也正因为这里是赤霞珠能够成熟的极限产区，那些最优秀的葡萄酒才能够表现出这个品种的精华。它们有许多非常微妙的果香，酒精度不会过高，而且往往都有令人开胃的酸度和丹宁，是极易消化的适度葡萄酒。赤霞珠在相对更冷一些的新西兰也有种植，然而这里的赤霞珠通常口感更轻，而且明显地更加辛酸。意大利东北部一些较冷的地区和华盛顿州出产的赤霞珠相对更加饱满，而且果味更浓厚，最重要的原因之一就是这些产区的夏天通常比波尔多和新西兰都要炎热得多。

第四章 红葡萄品种 135

澳大利亚克莱尔谷年轻的葡萄树，这个产区
凉爽的夜晚对赤霞珠大有益处。

　　要想领会十足强烈的阳光对红葡萄品种，尤其是对赤霞珠的影响，最生动的例子就是来自加利福尼亚州的重量级葡萄酒了。在这里很容易就能找到酒体饱满、成熟到都有李子味道的赤霞珠。事实上，这需要很出色的酿酒技巧才能够酿出酒精度和其他特征都不会过分夸张的加州赤霞珠。仔细看看这些葡萄酒颜色的深度，你会发现想看透这些酒几乎是不可能的事情。香气非常浓烈，不仅会有黑醋栗的果香，它简直有你能想象到的所有水果的香味。许多纳帕山谷（Napa Valley）的"明星级"的赤霞珠除了成熟的果香，甚至会有一点点薄荷或者桉树的香气。实际上，一些薄荷味正是辨别加州赤霞珠的最好线索，虽然最顶级的那些也会表现出只有在杰出的波尔多红葡萄酒中才会有的那种灰尘或者矿物质味道的特点。

　　其他产自炎热地区的赤霞珠的例子包括澳大利亚的赤霞珠和黎巴嫩的穆萨酒庄（Château Musar），不过穆萨酒庄的赤霞珠是与隆河谷的葡萄一起调配的。来自这两个国家的葡萄酒都有炎热产区所特有的深厚颜色和高酒精度，因此它们都有几乎是黑色的色调，品尝上去通常感觉都非常"热"。澳洲的赤霞珠常常有很浓的薄荷味，口感十分稠密，并且有相当数量的糖分和酸度。你可以在玛格丽特河产区（Margaret River）找到一些最优秀的澳大利亚赤霞珠。

南非的赤霞珠往往有更显著的黑醋栗特征，而且不少有非常高的酸度。不是因为这里的气候比较冷，而是因为许多葡萄园都染有一种病毒，导致葡萄不能完全成熟。美蕾酒庄 (Meerlust) 的鲁比孔 (Rubicon) 是最杰出的南非赤霞珠之一。远方酒庄 (Vergelegen) 是另一个顶级酒厂。

凉爽的波尔多

前面练习中的那瓶波尔多红葡萄酒能够绝好地示范一瓶产自温和气候的赤霞珠有何种特征。你会发现它相当开胃，如果佐以美食来享受一杯肯定会很不错。因为年轻的波尔多红酒有很高度的丹宁，所以如果没有食物的帮助就会有些苦涩。如果酒温过冷的话，感觉会更加不舒服。有人形容波尔多红葡萄酒为最佳的葡萄酒饮料。价格不高的意大利或者新西兰赤霞珠通常酒体都很轻，而且又很干，所以几乎给人一种杂草的味道，你可能不得不集中精神才能品尝到其他香气。

加利福尼亚赤霞珠

大部分像样的加州赤霞珠都能够证明较炎热的气候会使葡萄酒非常醇厚。以酒标上的酒精含量为标准选一瓶酒。在加州，15度的赤霞珠是十分常见的。你会发现这样

一瓶高度的葡萄酒有很强的黏性，余味经过时喉咙会有一些发烧，酸度比前面那瓶波尔多红酒要低得多，而且极其丰富醇厚，几乎到了尝上去都有些甜的程度。注意一些比较昂贵的加州赤霞珠中那特别的薄荷和桉树的味道，海特·玛查庄园 (Heitz Marcha's) 的葡萄酒使这种香气变得十分有名。然而一些加州赤霞珠还是很容易与波尔多红葡萄酒相混淆。一瓶产自炎热年份年轻而醇厚的波尔多红酒，因为经历了较长时间的浸皮，会含有很高的精华物，所以尝上去会和加州那些颜色极深、味道极浓的葡萄酒很相似。还有一个很重要的原因就是，现在很多加州顶级酒庄使用的橡木桶和波尔多人使用的那些一模一样，有时甚至都是来自同一个木桶工厂。不过，如果一瓶赤霞珠有较低的酒精含量，那它很有可能是产自大西洋东边的法国。

另一个葡萄品种"卡本妮"

虽然对很多葡萄酒爱好者来说，"调配"（blend）听上去是个不光彩的词汇，但实际上世界最有名的葡萄酒，也就是波尔多红葡萄酒，正是一种调配酒。所有的波尔多葡萄农场都种植着不同的葡萄品种。即使是那些像梅多克和格拉夫这样的顶级酒庄的葡萄酒中，虽然最主要的成分是赤霞珠，但葡萄园中也会一起种植一些品丽珠和美乐，并且将它们调配在最终的葡萄酒中。这其实是一种农业方面谨慎态度的反映：美乐开花和成熟的日子都比赤霞珠要早，在波尔多这个气候多变的产区，如果某个品种在开花的时候天气很糟糕，另一个品种就可以做一些补偿。

最常见的"另一个葡萄品种"就是品丽珠（Cabernet Franc）。它常常被很轻蔑地看成是赤霞珠低一级的版本，因为它的丹宁含量更少，酒体不会那么集中，但实际上，品丽珠和长相思正是名气更响、传播更广的赤霞珠的双亲。在这个事实被发现后，品丽珠的身价上涨了不少。而且不管怎样，圣艾美侬的"一级庄园"、伟大的白马酒庄的葡萄酒中就包含了三分之二的品丽珠。在圣艾美侬、邻近的波美侯和吉伦特河"右岸"的其他产区中，品丽珠的种植面积远远超过赤霞珠，因为这里的气候相对较冷，很难可靠地使晚熟的赤霞珠完全成熟。

品丽珠尝上去与赤霞珠有些相似，但往往有更多草本的味道，而且酒体更轻。因为葡萄粒本身更大一些，所以葡萄酒中往往不会有那么多丹宁，颜色也会更浅。正因为这些原因，以品丽珠为主的葡萄酒往往比赤霞珠更平易近人，而且成熟期也更早。这个品种在卢瓦尔河谷中段有广泛的种植，在意大利北部也有出产，那里的品丽珠葡萄酒有甘美的果香、锋利的酸度和绿草味。因为调配的关系，品丽珠在任何赤霞珠生长的产区都被越来越多地种植，但单一品种的品丽珠葡萄酒也愈来愈常见，尤其在像华盛顿州和新西兰这样气候稍微冷一些的产区。

如果你在一瓶意大利葡萄酒的酒标上看到"卡本妮"（Cabernet）这个词，你几乎可以确定这瓶酒的主要成分就是品丽珠，因为它在意大利的种植面积比赤霞珠要广泛得多。东北部的富卢利（Friuli）和特伦蒂诺（Trentino）产区会出产一些性价比很高的这类葡萄酒，而意大利其他地区的品丽珠葡萄酒的酒体都显然很轻。

希农产区，品丽珠最美味的风格之一。

虽然品丽珠和赤霞珠有很多相似的特征，但你应该可以从低量的丹宁、颜色和酒体辨别出品丽珠。不过气候比较寒冷产区的赤霞珠尝上去会非常像品丽珠，比如某些新西兰的红葡萄酒。

特征指南

如果想要品尝纯粹的单一品种的品丽珠，试一下卢瓦尔河谷的红葡萄酒，比如希农和布尔格伊产区的，或者稍微更浓厚和更长寿的圣尼古拉布尔格伊 (St Nicolas de Bourgueil)。它们尝上去会相当鲜美多汁，但不会像博若莱那样有那么多的水果味。我个人的线索是这些葡萄酒都有一种特别的"铅笔屑"的香气，我指的是木头那部分，而不是铅芯。

试着同时品尝一瓶来自卢瓦尔河谷或者意大利的品丽珠和一瓶同一年份的赤霞珠，最好是来自梅多克的波尔多红葡萄酒。先品尝一下品丽珠，因为赤霞珠中更多的丹宁会影响你的口腔，使你满嘴都会感到干涩。请注意，波尔多红葡萄酒比品丽珠有重得多的酒体和更深的颜色，而且尝上去是不是好像也更干？

美乐：水果蛋糕般的品种

美乐 (Merlot) 对圣艾美侬和波美侯来说，就像赤霞珠对梅多克和格拉夫那样重要。

在波尔多"右岸"有主宰地位的美乐是个极富魅力而且十分柔顺的品种，如果酿制工艺适当的话，美乐可以变成味道丰富而浓厚、且有水果蛋糕那般柔软圆润的吸引力的葡萄酒。波美侯顶级的酒庄，比如柏图斯堡 (Château Pétrus) 和乐庞 (Le Pin)，几乎全是由美乐酿成，它们都极其抢手，几乎可以说是世界上最昂贵的葡萄酒。

美乐在圣艾美侬和波美侯产区达到了它的顶峰。这个品种能够轻松地在那里生长成熟，因此酿出的葡萄酒尝上去会有些甜。这种甜味会和酒中的丹宁相互抵消，使美乐在口感方面比赤霞珠要轻柔得多。一瓶出色的以美乐为主的葡萄酒往往会有一种华丽的天鹅绒般的质感，它的香气强烈而复杂，一些人形容为枪火味、山鸡味或者野味。对我来说则更像是香料橱柜，而不是野味商店。

美乐其实是整个波尔多种植面积最广的品种，虽然它是以并不引人注目的形式出现在消费者面前。酒标上写着"波尔多产区"的葡萄酒几乎都是以美乐为主。这些酒往往都来自产量极高的葡萄园，加上波尔多是个气候温和、而不是温暖的产区，因此它们中大多数的颜色、酒体和味道都相当轻薄。不过它们都是以梅多克产区那种能够长期陈年的葡萄酒为标准而酿制的，这不一定是个好事，它导致这些葡萄酒通常会有不少丹宁和较高的酸度，并且余味都有些干。

波尔多圣艾美侬产区的美乐品种，它们的果皮通常要比赤霞珠薄许多。

特征指南

找一瓶以美乐为主的美味可口的波尔多红葡萄酒应该不是件难事。所有来自圣艾美侬产区的葡萄酒都是不错的选择，其实只要是在酒标上印有"圣艾美侬"的任何葡萄酒都行，包括不少麻烦和次要的产区，比如梦塔奇－圣艾美侬、圣乔治－圣艾美侬和其他名字中有圣艾美侬的产区。一瓶波美侯会是更佳的选择，因为它通常会含有更高比例的美乐。注意美乐比赤霞珠有更高的黏性，酒精含量也会稍微更高一些。它也会有一种温暖的、太阳晒干似的感觉，令人联想到非常成熟的水果、几乎像是李子味的水果蛋糕的香气。丹宁尝上去也不像赤霞珠那样明显，但比品丽珠要丰富许多。

波尔多以外的美乐

在美国，美乐因为自身相对较低的丹宁和酸度，还有似乎存在的甜度而十分受欢迎。上世纪90年代，美国大众的口味从白葡萄酒转向红葡萄酒，美乐在这个趋势中大为受益，受欢迎的程度使它几乎成为"红色的霞多丽"。加利福尼亚出产许许多多各种风格的美乐，但是其中有许多，说得好听一些，品种特征都非常地不明显。不过也有十分优秀、极其让人享受的佳酿，包括鸭角（Duckhorn）、哈里森（Harrison）、海文斯（Havens）、玛坦札斯河（Matanzas Creek）、思福（Shafer）、圣弗朗西丝（St Francis）和斯尔威拉多（Silverado）。

再往北走，华盛顿州是新世界葡萄酒中少有的以美乐为名的产区之一，这里的美乐口感柔顺，十分吸引人。不过相对赤霞珠和品丽珠来说，这个品种的耐寒力不是太强，因此这在有些年份会是个严重的问题。安德鲁·威尔（Andrew Will）酒厂的美乐尤其出色。

在南美洲，长久以来智利一直都被公认为世界上一些性价比最好的美乐的出产地，这里永不休息的智利阳光使葡萄成熟到天鹅绒般的华丽。但在上世纪90年代末期，一位来自波尔多的葡萄品种专家发现许多种植在智利的美乐其实根本不是真正的美乐品种，而是另一种古老的波尔多品种，叫做佳美娜（Carmenère），它酿出的葡萄酒比美乐更坚实。现今，用于种植货真价实美乐品种的面积正在智利飞速地增长，这个国家有着健康和干燥的气候，还有安第斯山脉（Andes）的融雪提供充足的灌溉，因此智利成为用波尔多葡萄品种酿制的物美价廉的葡萄酒的主要来源产地。

连遥远的新西兰也有
美乐品种的种植。

和品丽珠一样，美乐在意大利北部也有长久的历史，但结果却大不相同。不过还是有一些意大利酒庄能够酿制出极其优越、生机勃勃的美乐葡萄酒，比如托斯卡纳 (Tuscany) 的阿玛斯庄园 (Castello di Ama's)。

只有那些最棒的

拿一瓶圣艾美侬或者波美侯的标准美乐葡萄酒，与一瓶产自意大利、加利福尼亚或者朗格多克 (Languedoc) 地区奥克产区餐酒的美乐相比。你会发现，价格便宜的那瓶酒颜色更为浅淡，酸度非常明显，而且口感相当稀薄，像水一样。浅淡的、甚至晦暗的红颜色是葡萄园产量过高的象征，也说明葡萄酒的质量很一般。

圣艾美侬或者波美侯产区的葡萄酒与最普通的美乐的这种比较说明了让葡萄园过量生产会有什么样的后果。大部分法国产区在每公顷葡萄园能够出产多少葡萄酒方面有着严格的控制。把质量放在第一位的酒庄在夏天会有额外的修枝，以此更苛刻地限制产量，比如每英亩葡萄园只能出产2到3吨葡萄。一瓶普通的来自加州中央山谷、法国朗格多克或者意大利威尼托 (Veneto) 产区的美乐，每公顷的产量可能是这个数字的3倍或者4倍，味道也因此显而易见地受到影响。结果就是这些尝起来非常稀薄、令人失望的葡萄酒。不过除了产量之外也有其他的变数，气候和品种的克隆是其中最明显的两个因素。

黑品诺：无比美妙无比挑剔

　　赤霞珠在大部分伟大的波尔多红葡萄酒中扮演着主要的角色；而所有伟大的勃艮第红葡萄酒则都是独角戏，演员只有一个，那就是黑品诺 (Pinot Noir)。

　　在勃艮第的一些产区，比如热伏瑞－香贝坛 (Gevrey-Chambertin)、香波尔－蜜思尼 (Chambolle-Musigny)、伏旧园 (Clos de Vougeot)、女伊圣乔治 (Nuits-St-Georges)、阿罗仕－寇东 (Aloxe-Corton) 以及博恩 (Beaune)、波马 (Pommard) 和沃尔内 (Volnay)，除了黑品诺，不能种植其他任何红葡萄品种。那些生长在鼎鼎有名的"黄金之坡"的最顶级葡萄园中的黑品诺，如果遇到一个出色的年份和一位谨慎负责的酿酒师，那这个天时地利人和的结果就将酿成让人难以置信的葡萄酒。"空气般轻飘优美"、"香醇柔软"、"天鹅绒手套中的铁拳"、"芳香醇厚"等等都是伟大的勃艮第红酒的形容词。

　　总体来说，波尔多红葡萄酒质量的可靠程度还是相对合理的，而勃艮第红葡萄酒中质量的变数却到了令人发疯的地步。那些没有天赋或者玩世不恭的酿酒师总是酿制出价格过高、令人失望的葡萄酒。但是，当你遇到一瓶出色的勃艮第红酒时，它比绝大部分来自波尔多的红葡萄酒都要令人激动，当然是除了极少数顶级酒庄以外；而且现在出色的勃艮第越来越多，因为在当今这一代勃艮第酿酒师中，具备正规的酿酒培训资质和在国外的工作经历已经是非常普遍的事情了。

　　美妙的黑品诺是如此诱人，以至于如今全世界许多酒庄都尝试着种植和酿制这个品种，因此训练你的味觉来辨别黑品诺是非常必要的。一瓶出色的黑品诺会稍微有点甜味，香气也肯定比不愿妥协的赤霞珠更加柔和。丹宁也不会那么明显，因为黑品诺的葡萄仁要少得多，而且葡萄皮也更薄。这也是黑品诺葡萄酒的颜色相对较轻的原因，不过那些最顶级的酒庄（在勃艮第叫做"domaine"），比如葡萄产量极低的罗曼尼·康帝酒庄 (Domaine de la Romanée Conti)，他们会让酒与葡萄皮在一起发酵非常长的时间，因此能够吸取出深度浓厚的颜色。与普通的赤霞珠相比，大部分黑品诺的酒体都更轻，它们的吸引力也许要更微妙一些。我们很容易就能理解为什么波尔多红葡萄酒被形容为"男人般的"，而勃艮第红葡萄酒则是"女人般的"，不过我们要尽量避免这种肤浅的描述。一些品酒者将黑品诺的香气形容为煮过的甜菜 (beetroot)，有些人则觉得像是野味尸体。在年轻的黑品诺中有非常清晰的覆盆子 (raspberries) 果香，而在中年时期它会演变出清晰的植被或者蘑菇的香气。

特征指南

想要品尝到真正黑品诺的果味，我建议你最好买一瓶来自较低级产区的勃艮第红葡萄酒。不仅因为它们的价格比那些有名产区的便宜得多，也因为在这个质量等级，这些葡萄酒通常也更加可靠。它们不是需要长久陈年的葡萄酒，但精心酿制的那些能够提供给你简单美味的黑品诺香气。那些可靠的酒庄，比如罗伯特·谢威隆 (Robert Chevilon) 或者托罗—柏 (Tollot-Beaut) 酒庄，出产的普通勃艮第产区红葡萄酒 (法语为Bourgogne Rouge) 是个不错的开始。注意葡萄酒颜色十分浅淡，但果香明显，并且有一种对我来说是覆盆子的香气，其他人也许觉得是草莓或者紫罗兰。这瓶酒似乎也会给你某种轻柔和甜味的口感，而且并没有多少丹宁，然而在不够理想的年份，葡萄酒的酸度也许会过高，因为勃艮第离赤道非常远。可能品尝黑品诺最廉价的方式就是买一瓶有不少甜味的加利福尼亚或者智利的红葡萄酒，南角 (Cono Sur) 是家可靠的酒厂。这些酒的香气不会是最纯的，而且也许甚至会有些果酱味，但这只是个品尝黑品诺的开始而已。

产区之间的区别

黄金之坡是勃艮第的中心地带，它是由北部以女伊圣乔治为中心的夜之谷 (Côte de Nuits) 和南部以博恩镇为中心的博恩坡 (Côte de Beaune) 组成。从传统上来说，夜之谷的葡萄酒结构更加结实，并且陈年能力也更强，而博恩坡的葡萄酒在风格方面则更加柔顺和轻淡一些。但事实上，相对于产区来说，酒庄其实是葡萄酒风格和质量方面更好的向导。所有这些葡萄酒都十分昂贵，但如果你有足够的金钱和耐心的话，那你就能够逐渐建立起你自己对不同酒庄的印象。下面的表格中是我本人概括的最简要的一些内容。

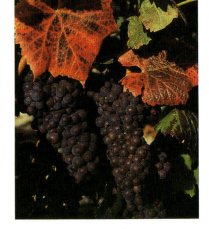

黑品诺的葡萄串
有着松果般的形状。

黄金之坡从坡顶向西的勃艮第边远地带也会出产黑品诺葡萄酒，这些产区被称作上夜之谷和上博恩坡(Hautes Côtes de Nuits and Beaune)，它们的葡萄酒都更便宜，酒体更轻薄，同时口感也更辛酸。另外一些价格不高的用黑品诺酿制的勃艮第红酒来自南部的夏隆内坡(Côte Chalonnaise)，包括吕黎(Rully)、吉弗丽(Givry)和莫丘瑞(Mercurey)产区。再往南走，你就到了佳美(Gamay)的王国了。

法国的黑品诺

勃艮第的黄金之坡

勃艮第黄金之坡那些最令人激动的葡萄酒都来自那些单独的小酒庄，不过这个酒庄必须是那些越来越将质量放在第一位的酒庄中的一个。然而大部分勃艮第的葡萄酒都是由产量和规模都大得多的酒商包装并且出售的，这些酒商在法语中叫做"批发商"(Négociant)，并且他们的名声也各不相同。下面这些酒商在酿制勃艮第红葡萄酒方面更加可靠。

布夏父子(Bouchard Père et Fils)——在博恩周围有非常优秀的葡萄园，目前这个酒商正在获得新生。

约瑟夫·杜安鲁(Joseph Drouhin)——极其严谨的酒商，他们将最棒的新技巧融合到传统工艺中，酿制的葡萄酒口感相对较轻，但更加纯粹。

路易·亚都(Louis Jadot)——香气浓厚，口感坚实。

夏隆内坡(Côte Chalonnaise)

这里的葡萄酒就像是黄金之坡在南边的乡下表弟。它们的质量通常比黄金之坡更加可靠，即使它们不可能达到黄金之坡的地位和高度。如果你想要比较它们和北面的勃艮第心脏地带的葡萄酒之间的区别，大部分产自吕黎、吉弗丽和莫丘瑞的葡萄酒都可以用来做这个练习。注意这些夏隆内坡的葡萄酒比顶级黄金之坡的酒更加朴实，口感也更为轻薄和消瘦。

阿尔萨斯、桑赛尔和香槟

阿尔萨斯的黑品诺很难给人惊喜，因为它们的酒体太轻薄了一些，并且有时会像德国黑品诺一样，有些模糊的甜味。桑赛尔的红葡萄酒和桃红酒都是用黑品诺酿制的，大部分都有很浅淡的颜色，并且能够展示一点黑品诺的香气。这些葡萄酒在酿制时都加入了大量的糖分，使最终的酒有能够令人接受的酒精含量。如果你找到一瓶酒标上写着"黑中白"(Blanc de Noirs)的香槟葡萄酒，那酿制它的葡萄应该全部都是品诺，名字十分优雅的博奇红(Bouzy Rouge)葡萄酒也是这样。首席法兰西(Bollinger)偶尔会用他们年老和浓烈的品诺老藤酿制黑中白香槟。

勃艮第沃恩-罗曼尼(Vosne-Romanée)村的黑品诺葡萄藤,从藤茎的
粗壮程度就可以了解到它的年龄已经不小了。

年份和气候

　　不同年份的勃艮第红葡萄酒之间会有极大的区别,通常比勃艮第白
葡萄酒还要显著,因为与敏感的黑品诺相比,霞多丽不会那么娇嫩。总体
来讲,黑品诺的寿命比赤霞珠要短,因为它们有更低的丹宁含量和更轻的
酒体。黑品诺在法国东北部的其他一些产区也有种植,包括阿尔萨斯、汝
拉(Jura)和桑赛尔。在桑赛尔,它酿制出颜色浅淡的红葡萄酒,以及更
加轻薄的桃红葡萄酒。在香槟产区,它会与霞多丽和莫尼耶品诺(Pinot
Meunier)调配起来酿制世界上最有名的起泡酒,莫尼耶品诺是个与黑品诺
有关联、但稍微更加粗糙的品种。

黑品诺的果实成熟期相对较早，因此只有生长在气候较冷的产区，它才能酿制出有意思的葡萄酒，因为它在这些产区的生长季会更长，这样才能演变出足够的香气成分。比如在加利福尼亚，优秀的黑品诺都是来自像索诺玛 (Sonoma) 的俄罗斯河谷 (Russian River Valley) 这种被太平洋雾气充分降温的产区，还有圣芭芭拉 (Santa Barbara) 北面中央海岸 (Central Coast) 的葡萄园，以及一些位于海拔高处的孤立的葡萄园，比如卡隆 (Chalone) 和卡莱拉 (Calera) 酒庄的一些葡萄园。这些葡萄酒往往有一种年轻勃艮第红酒中所没有的很直接的果味。

加州北面的俄勒冈州拥有更加凉爽的气候，这里的酿酒师最终也将目标定为酿制出能与勃艮第匹敌的红葡萄酒，不过秋天的雨季是这个地区需要常年面对的一大问题，因此年份之间也有很大的区别。美国黑品诺有着十分鲜美多汁的风格，一些最成功的酒厂包括箭术巅峰 (Archery Summit)、姻亲兄弟 (Beaux Frères)、砖房 (Brick House)、克里斯汤姆 (Cristom)、杜安鲁酒庄 (Domaine Drouhin)、庞奇 (Ponzi)、威拉坎奇 (WillaKenzie) 和坎·莱特 (Ken Wright) 等。

新西兰的一部分地区也有对葡萄种植相对较冷的环境，这些产区的黑品诺葡萄酒尤其成功，它们都十分开胃，并且果味十足。北岛 (North Island) 南端的马丁堡 (Martinborough) 是第一个在这个勃艮第品种上建立起自己声誉的产区，但位于南岛 (South Island) 的马尔堡 (Marlborough)、奥塔哥中部 (Central Otago) 和坎特伯雷 (Canterbury) 很快就后来居上。澳大利亚的大部分产区对顶级黑品诺来说都太过炎热，不过塔斯马尼亚州 (Tasmania) 无疑拥有真正优秀的潜质，维多利亚州的一些产区也同样有潜力，最著名的就是雅拉谷 (Yarra Valley)，但它绝不是唯一的一个。

黑品诺在整个欧洲的东部和东南部也都有种植，并且有一系列不同的别名：在意大利北部叫做 "Pinot Nero"，在奥地利叫做布劳布艮德 (Blauburgunder)，在德国叫斯帕特布艮德 (Spätburgunder)，在瑞士东部讲德语的地区叫布劳尔布艮德 (Blauer Burgunder)，这个品种在这里极受重视，并且种植面积也越来越广。由于气候变暖的原因，越来越多的德国酒庄也开始种植斯帕特布艮德，并且能够酿制出颜色深厚、香气十足的干红葡萄酒，最好的那些甚至能与勃艮第红酒相匹敌。

在智利和南非较冷的葡萄园中也能够出产一些十分成功的黑品诺。但在南非更常见的是叫做品诺塔吉 (Pinotage) 的更加结实丰满的品种，它是黑品诺和神索 (Cinsault) 的交配品种，而神索是个来自南隆河谷的乡土味十足的红葡萄品种，曾经也被称为埃米塔吉 (Hermitage)。

佳美：用于畅饮的葡萄酒

佳美 (Gamay) 是用来酿制博若莱 (Beaujolais) 的葡萄品种，你可以很轻松地辨别出它。连博若莱的颜色都十分特别：轻微的绯红色和一种略带紫色的色调，使它成为世界上最"蓝"的葡萄酒之一。

佳美的香气使它非常容易暴露自己，虽然比起其他品种，它的香气更加难以形容。佳美总是有令人清爽的酸度，仅仅闻一下就会使你的舌头皱了起来，如果不是因为颜色的关系，大部分这类葡萄酒其实都具有了"白葡萄酒"的功能。佳美酿出的葡萄酒通常酒体都相当轻，但你有时也可能会遇到一些酒体中等、甚至饱满的特例。

大部分佳美都用前面所说的二氧化碳浸渍法工艺酿制成葡萄酒。这种工艺将佳美自身的香气赋予了葡萄酒，有点像香蕉，或者是香气技术专家认为是香蕉香气的气味，也有点像指甲油的味道。博若莱的标准品酒笔记总是会有"新鲜并且果味丰富"，新鲜指的是酸度，而果味丰富则是佳美品种非常简单直接、但又无可否认的魅力。当你闻它的时候，你很清楚这不是一瓶伟大的葡萄酒，但它却是如此不同寻常地单纯天真，任何用心酿制的佳美都会将你诱惑到酒杯中。

少年佳美

以佳美为主的葡萄酒很少会有长久陈年的潜质。它们的主要目的就是在"少年时期"给消费者清爽的感觉和畅饮的享受；如果是博若莱新酒 (Beaujolais Nouveau) 的话，那就要在它尚在"婴儿时期"就享用了。这种博若莱在丰收年份的11月15号之前，就以超级速度发酵、稳定、装瓶和上市了。

有十个特别的村庄能够出产博若莱园区级葡萄酒 (Cru Beaujolais)，在一些优秀的年份，这些酒能够在瓶中陈年五年左右的时间，并且会演变出更有深度的香气。产自风车磨坊 (Moulin-à-Vent) 的园区级葡萄酒经过陈年，有能力演化到成熟勃艮第的状态。想要享受这样一瓶更高级的园区级博若莱葡萄酒，需要找一瓶酒标上有以下村庄名字的葡萄酒：弗勒丽 (Fleurie)、希露柏勒 (Chiroubles)、圣爱(St Amour)、谢纳 (Chénas)、朱丽埃纳 (Juliénas)、黑尼埃 (Régnié)、布卢丽(Brouilly)、布卢丽坡 (Côte de Brouilly)、莫贡 (Morgon) 和风车磨坊。一瓶酒标上写着"博若莱村庄级"(Beaujolais-Villages) 的葡萄酒通常比普通的博若莱果味更鲜美，口感也更坚实，但是这些园区级的葡萄酒都有它们自己明确的特征。

博若莱产区连绵不断的山丘,法国最令人遐想的乡间之一。

佳美在博若莱地区能够酿制出如此甘美的葡萄酒,然而在夏隆内坡(Côte Chalonnaise)和博若莱之间的马孔(Mâcon)产区,它却只能生产出极其平凡的马孔红葡萄酒。其他以佳美为主的法国葡萄酒通常在酒标上都会有"佳美"这个名字,而博若莱几乎从来不会这样。卢瓦尔河谷的图兰(Touraine)、阿德切(Ardèche)、达韦邑坡(Côte d'Auvergne)、富雷兹(du Forez)和罗昂内(Roannaises)地区都有佳美品种的种植。

不过在当前,佳美不是个时髦的品种,在法国之外也没有太多的种植面积。这是因为大众消费者被引导,将深浓的颜色和强烈的香气与红葡萄酒的质量联系起来,实在是太可惜了。

清爽提神的味道

想要形成你自己对佳美的印象,找一瓶在当地装瓶的博若莱葡萄酒,最好是那些用自己葡萄园丰收的果实来酿酒的酒庄。一瓶杜柏夫(Duboeuf)的葡萄酒应该足以将佳美的特征印在你的脑海之中。请记住,像博若莱这样酒体轻的红葡萄酒,如果你喜欢清爽的口感,它们都需要被冷却一下。无论如何,佳美这个品种都不会散发出各种各样迷人和微妙的香气,因此你不需要用温暖的温度来鼓励葡萄酒的汽化。博若莱本地服侍葡萄酒的标准温度大约是11℃,也就是酒窖本身的温度。如果有时你无法严格控制侍酒的温度,比如在野餐的时候,那么博若莱就是这种情况下最合适的葡萄酒了。因为这是一种在各种温度下都能够享用的葡萄酒,如果你在临出门之前将博若莱冷却一下,那么在野餐接近尾声的时候,即使它的温度有所升高,你还是可以毫无影响地享受它。

席拉：像夜一般黑

就在几年前，大部分席拉 (Syrah) 的种植只局限在两个地方，一是澳大利亚，在那里这个品种叫做席拉子 (Shiraz)；还有就是法国里昂 (Lyons) 南边的北隆河谷 (Rhône) 堤岸上两小段陡峭的葡萄园中，包括罗蒂坡 (Côte Rôtie)、埃米塔吉(Hermitage)、圣约瑟夫 (St Joseph) 和康纳斯 (Cornas) 产区。

在本书1983年第一版当中，我曾经写到："席拉没有得到更广泛的种植其实是个很奇怪的现象，因为它能够酿出如此令人激动和长寿的葡萄酒。"幸运的是，如今这个想法已经很过时了，因为现在全世界各种不同的产区都已经十分重视这个品种，并且有广泛的种植，从澳大利亚到美国的华盛顿州和加州的中央海岸 (Central Coast)，从西班牙的托莱多 (Toledo) 到智利的阿空加瓜 (Aconcagua)，还有葡萄牙的阿伦特如 (Alentejo)、意大利的普利亚 (Puglia) 和托斯卡纳 (Tuscany)、南非的斯坦林布什 (Stellenbosch)，而且席拉现在也席卷了整个法国南部。

席拉在它的家乡——北隆河谷。

由席拉酿造出的葡萄酒也因为葡萄本身的成熟程度而大为不同。北隆河谷很少经受过分炎热的天气，而这里的席拉却有着深到几乎是黑色的颜色，口感极其干，丹宁含量非常高，并且有一种独特的"某种东西的精华"的香气，我觉得是黑胡椒，在不够完全成熟的席拉中，甚至有烧焦的橡胶气味。

在那些种植席拉并不太久的温暖产区，酿出的葡萄酒通常更加有异国情调，几乎有种轻柔感，有十分丰富的成熟和浓厚的水果香味，并且在余味中有某种鲜美的感觉。

而澳大利亚的席拉子则有自己不同的特征。只有在较冷的年份中，维多利亚(Victoria)或者库拉瓦拉(Coonawarra)产区最冷的葡萄园中种植的席拉子才能展现出一些黑胡椒的特点。大体而言，澳洲的席拉子非常华丽，酒体饱满，黏性很高，通常有相当多的丹宁，有时是额外添加的丹宁，但几乎都有些甜，而且有丰富的巧克力香气，尤其是来自那些相对较热产区的席拉子，比如巴罗萨山谷(Barossa Valley)和迈拉仑维尔(McLaren Vale)。

特征指南

如果你想要很好地了解优质法国席拉的味道，最好、也不会太贵的选择就是买一瓶值得信赖的酒庄酿制的克罗兹·埃米塔吉(Crozes Hermitage)，比如阿兰·格雷罗(Alain Graillot)、阿尔伯·贝勒(Albert Belle)或者埃蒂安·波尝(Etienne Pochon)。注意酒的颜色和香气是多么浓烈，丹宁十分显著，但有一种和赤霞珠很不相同的香气，这里不会有任何黑醋栗的果香，最接近的水果味也许是桑椹(Mulberry)。席拉无疑有更多的矿物质味，而不是植树味，只有黑品诺和慕尔韦度(Mourvèdre)才有动物气味，回味也极其干。你也许还可以找到一瓶更为便宜的拉德切席拉

(Syrah de l'Ardèche)。试着寻找黑胡椒和烧焦橡胶的气味。

将这瓶北隆河谷的席拉和澳大利亚的席拉子相互比较一下。奔富(Penfolds)曾经是浓烈的南澳洲席拉子的专家，但现在这样的葡萄酒很容易就可以找到，包括哈第斯(Hardy's)、达伦博格(d'Arenberg)、彼得·雷曼(Peter Lehmann)和其他不少酒厂。试着找一瓶来自产区更明确，而不只是"东南澳洲"这个庞大产区的席拉子，因为这个产区允许厂家将产自内陆地区的更便宜的葡萄调配在葡萄酒中。巴罗萨或者迈拉仑维尔可以是最完美的例子，注意澳洲的葡萄酒是多么地更加稠密，而且也更甜。

席拉的名字在南澳洲的巴罗萨山谷变成了席拉子。

走遍全球的新一代"旅行者"

其实，席拉在隆河谷的南部也有很悠久的历史，它在那里有一定的种植面积。在法国南部朗格多克 (Languedoc) 辽阔的葡萄园中，将品质放在第一位的酒庄也越来越多地开始种植席拉。因为它毕竟是个非常高贵的品种，能够酿出长寿的葡萄酒，而且在很多产区可以与其他品种一起调配，通常是歌海娜、慕尔韦度、神索(Cinsaut)和佳丽酿 (Carignan)，使最终的葡萄酒有坚实的结构和迷人的香料味，这些产区包括南隆河谷的教皇新堡 (Châteauneuf-du-Pape)、吉冈达斯(Gigondas)和隆河谷(Côtes-du-Rhône)，朗格多克的考斯提耶尔－尼姆(Costières de Nîmes)、朗格多克丘 (Coteaux du Languedoc)、福热尔(Faugères)、圣希尼昂 (St Chinian)、密内瓦 (Minervois) 和科比埃尔(Corbières)。

在加利福尼亚，在一些自称为"隆河突击队"(Rhône Rangers)的酿酒师的推动下，席拉的种植面积也正在飞快地增长，他们领导着使加州葡萄园更加多样化的运动。约瑟夫·菲尔普斯 (Joseph Phelps)、奥家伊 (Ojai)、阿尔班 (Alban)、席琳(Cline) 和加利特逊 (Garretson) 都是非常胜任的"突击队员"，他们的葡萄酒往往更倾向于法国而不是澳大利亚的模式，但有更多一层的成熟感。

法国南部

找一瓶产自法国南部、酒标上写着席拉的葡萄酒，或者一瓶以席拉为主的调配酒。贯穿朗格多克，有成百上千家出产这种葡萄酒的有趣的小酒庄。注意这种葡萄酒的风格好像是介于北隆河谷和南澳洲之间。在出色的例子中会有一种不容质疑的鲜美特征，几乎有点咸的感觉，还有一种极为光泽的质感。

试着找一瓶来自法国和澳洲以外的席拉或者席拉子，将它与你印象中的法国席拉和澳洲席拉子相比较。看看这瓶葡萄酒是否比法国席拉更富饶、也更甜，并且肯定没有澳洲席拉子中那么多的丹宁。

在教皇新堡那
多石的葡萄园中，歌
海娜能够生长成灌
木状的葡萄藤。

歌海娜和其他隆河谷的品种

虽然一些更加粗壮的教皇新堡和其他南隆河谷的葡萄酒中可能会包含一点席拉，但黑歌海娜（Grenache Noir）在这里还是最常见的葡萄品种。

你可以通过浅淡的颜色和高度的酒精含量这种不寻常的组合而辨别出歌海娜，它也有一种甜甜的、果味浓厚的香气，有一点像博若莱和上等黑品诺的结合体，再加上强烈的酒精度和一点草本香料味。歌海娜在普罗旺斯也有广泛的种植，并且好像也因此遗传了当地那种薰衣草和野生百里香的香气。

大部分教皇新堡和其他南隆河谷的葡萄酒都是由不同的葡萄调配而成，知道这一点以后再来品尝它们是件很有意思的事情。看看你是否能够发现它们尝上去都有点像另一种叫里奥哈的调配酒，感觉像一碗汤似的，好像是各种不同味道的混合，而不是只有一种主要的香气。不过伟大的瑞亚酒庄（Rayas）就专门只用歌海娜一个品种酿出卓越的教皇新堡，这提供了掌握歌海娜香气和味道的绝好机会。它在西班牙叫做歌娜恰（Garnacha），与添普兰尼洛（Tempranillo）都是典型的里奥哈红葡萄酒的主要成分，它在普里奥哈特（Priorat）和纳瓦拉（Navarra）产区也有极其重要的地位。

因为歌海娜有丰富的果味和轻柔的颜色，它被当做桃红葡萄酒（rosé wine，也称pink wine）的主要成分，塔维勒（Tavel）和丽拉克（Lirac）产区强劲的桃红酒都有浓烈的歌海娜味道，在普罗旺斯那些"专门给游客享用的桃红酒"（tourist rosé）中也是如此。注意它那高度的酒精含量、浅淡的颜色和一种明显的甜美感，即使葡萄酒基本上是干的。大部分桃红酒的酿制工序和红葡萄酒一样，只不过果汁和葡萄皮接触的时间极短，因此提取的色素也就少得多。这也是那些被称为"羞红"（Blush）葡萄酒的酿制方式，最佳的例子就是白仙芬黛（White Zinfandel），一种用黑皮葡萄酿制的浅粉红色的葡萄酒，因为酒和葡萄皮的接触时间非常短暂。

特征指南

每次当你品尝教皇新堡的时候，试着估计一下它里面包含了多少席拉。如果你没有尝到太多席拉的味道，那它主要的葡萄品种或许应该就是歌海娜了。平均来说，一瓶教皇新堡一般包含10%的席拉、65%的歌海娜以及其他一些当地的葡萄品种，不过有的教皇新堡里不会有任何席拉的成分。注意歌海娜尝上去是多么地甜，有非常成熟和辛辣的感觉，并且酒精含量也非常高。

歌海娜和桃红葡萄酒

任何来自塔维勒或者丽拉克产区和大部分普罗旺斯的桃红葡萄酒都展示了歌海娜作为桃红酒时的特征。注意它的酒体几乎和红葡萄酒一样饱满，但却有几乎和白葡萄酒一样高的酸度。看看你是否能在这些酒中闻到普罗旺斯香料的气味。不过一般的普罗旺斯桃红葡萄酒其实都没有多少香气。

法国南部的其他红葡萄

慕尔韦度（Mourvèdre），这是它的法国名字，它通常会与席拉和歌海娜调配在一起。

在西班牙，慕尔韦度最常见的名字是蒙纳斯特雷尔（Monastrell），在其他的一些时期和产区，尤其是加利福尼亚和澳大利亚，它也被称为玛塔罗（Mataro）。慕尔韦度在法国的据点是班朵尔（Bandol），它是那里野味和草本香料味都十足的葡萄酒中的主要品种。慕尔韦度需要炎热的气候才能完全成熟，因此它在教皇新堡以北产区的种植面积就很小。它通常会被调配在刚刚提到过的朗格多克产区的葡萄酒中，可以给席拉、歌海娜和佳丽酿（Carignan）增加一些丰富而又华丽的特征。

然而，这个品种在西班牙有更广阔的种植面积，在这里它被称作蒙纳斯特雷尔，沿着地中海沿岸，到处都有它的身影。不过蒙纳斯特雷尔在西班牙的地位并不是很高，因为它酿制出的葡萄酒的酒精含量往往高到近乎粗暴无礼的程度，而且都毫无例外地缺乏酸度，虽然一点也不缺乏颜色。不过现在这里已经有了一些十分成功的葡萄酒，是将蒙纳斯特雷尔与更有结构力的美乐调配在一起而酿制的。

在加州和澳洲，玛塔罗 (Mataro) 这个名字很久以前就被改名为慕尔韦度，在这里它也通常与席拉和/或者歌海娜调配在一起。不过，也有可能找到单一品种的慕尔韦度葡萄酒，比如来自加州的碧玉山 (Jade Mountain) 和席琳 (Cline Cellars) 酒庄。

佳丽酿 (Carignan) 曾经多年以来都是法国种植面积最广的葡萄品种，因为它在朗格多克高产量的平原上到处都是。在以往的时代，农民不在乎用藤线使葡萄串和树叶更多地吸取阳光，而只是很简单地让葡萄藤在园地里像灌木一般凌乱、恣意地生长，佳丽酿很容易就能够适应这种环境。由佳丽酿酿制出的葡萄酒通常都极其粗劣，而且有某种恼人和野蛮的气味，因此二氧化碳浸渍法工艺经常会用来弥补这个缺陷。

慕尔韦度

如果想要了解慕尔韦度的味道，试着找一瓶班朵、西班牙的蒙纳斯特雷尔或者慕尔韦度的单一品种葡萄酒。注意它的香气中强烈的动物气味。在不够成熟的情况下，往往也会有香料味；在非常成熟的情况下，它会有一种介于生肉和潮湿毛皮之间的气味。就我个人而言，我还是更喜欢它在调配葡萄酒中的滋味。

佳丽酿

所有非常普通的法国红葡萄酒，也就是酒标上写着普通餐酒 (Vin de Table) 的那些，都很有可能包含非常高比例的佳丽酿。注意它在口腔后部留下的僵硬感和酸度。

不过，许多酿出如此令人没有胃口的葡萄酒的佳丽酿葡萄藤已经被根除了，但在朗格多克产区的山坡上，遍及着一些很古老的、产量极低的佳丽酿葡萄园，它们能够酿出美味几百倍的葡萄酒。优秀的例子包括朗格多克丘产区的达于皮拉切酒庄 (Domaine d'Aupilhache) 和科比埃尔 (Corbières) 的拉斯托斯酒堡 (Lastours)。这个品种在加利福尼亚叫做佳丽酿纳 (Carignane)，在这里还有一些甚至更古老的葡萄藤能够酿出非常出色的葡萄酒，有的会被添加到山陵庄园 (Ridge Vineyards) 新奇的调配红葡萄酒中。但是不管怎样，佳丽酿对我个人来说，都不是一个高贵的品种，不过，当然不包括那些特殊地区的古老的葡萄藤。

内比欧露：皮埃蒙特的至尊

迷恋意大利的人们起来吧！你们的时代终于到来。我到现在才说到伟大的意大利葡萄酒，因为它们通常是用意大利以外不常见的（红）葡萄品种酿成的。

在葡萄酒的酿制和鉴赏方面，多年以来意大利几乎就是个孤岛。不过，如今欧洲其他国家"经典"葡萄品种的地位在整个意大利都有所提高，种植面积也在不断增加，尤其是在这个国家的东北部。除了这些"新来的"卡本妮（Cabernet）、品诺、雷司令和霞多丽等，大部分意大利本土生长的葡萄品种对意大利以外的人来说都是十分陌生的，不光是它们的名字，而且也包括它们的味道。

意大利最伟大的葡萄酒来自那些小范围的气候较冷的葡萄园，通常都因为海拔较高的原因。它最著名的优质葡萄酒产区是皮埃蒙特（Piedmont），在这里，内比欧露（Nebbiolo）是所有葡萄品种中的君王，而巴罗洛（Barolo）是最有名的葡萄酒，当地人宣称巴罗洛是"葡萄酒的国王，国王的葡萄酒"，不过其实其他产区的人也同样会说这句话。内比欧露得名于"nebbia"一词，在当地方言中是"雾气"的意思，秋天时这些阿尔卑斯山脚下的葡萄园总会笼罩着一层薄雾。内比欧露在整个皮埃蒙特地区都有种植，并且能够酿制出极其长寿的葡萄酒。

果皮很厚的内比欧露是丹宁含量极高的葡萄品种，因而酿出的葡萄酒中也有很强的丹宁。不过上世纪70年代中期以来，葡萄园和酒窖中全新的酿酒工艺使这些葡萄酒变得更平易近人。内比欧露的标志是它那迷人而复杂的香气，一个不喝葡萄酒的人读到有关内比欧露的典型描述时可能会发出怀疑的笑声，因为上面会写有玫瑰、紫罗兰、柏油、松露（truffle）以及甘草等词汇，这些香气都是这种口感很干、酒体饱满、并且丹宁含量很高的葡萄酒的标准描述。一瓶出色的年轻内比欧露在结构方面与一瓶出色的年轻席拉很相似，但杰出的内比欧露往往会比大多数以席拉为主的年轻葡萄酒有更明显的水果味和芬芳。这个意大利皮埃蒙特的伟大品种通常更快就会有橙色的色调出现，我有时会觉得它尝上去有不少李子干儿的味道。

内比欧露葡萄酒唯一的麻烦就是，虽然它们都产自意大利西北部的这个角落，但在质量和风格方面，这些葡萄酒会有巨大的差异。巴罗洛和它那稍微轻一点的邻居巴巴列斯科（Barbaresco）是最有名气的，但是

博卡 (Boca)、卡丽马 (Carema)、法拉 (Fara)、伽提纳拉 (Gattinara)、歌美 (Ghemme)、雷索纳 (Lessona)、西扎诺 (Sizzano)、斯帕纳 (Spanna) 以及所有酒标上写有内比欧露的葡萄酒，都是以这个品种为主的。巴罗洛的陈年潜质是最出色的，不过一瓶优质的巴巴列斯科在口感上不会有像巴罗洛那么强的冲击力。大部分这样的葡萄酒都非常浓烈，巴罗洛的酒精含量至少要达到13度。

　　在传统的酿酒工艺中，巴罗洛和巴巴列斯科的酿酒师都将果汁与葡萄茎干和葡萄皮一起发酵，并且发酵会延迟相当长的一段时间，然后将葡萄酒在巨大和古老的栗树木桶中存放很多年，有时会等收到销售订单后才装瓶，因此这些葡萄酒在卖出前可能已经在木桶中存放了12年，但却没有在酒瓶中陈年过。这往往会使原本丹宁含量就非常高的葡萄酒变得更干，水果香气也会更加消瘦。只有那些异常出色的年份，这些葡萄酒才能被真正地饮用，而不是像"咀嚼"一般。然而这种情况已经有所改变，许多酿酒师都开始使用全新的木桶，并在不锈钢酒罐中发酵葡萄酒，从而最大限度地从葡萄中提取果香，并且会在发酵前去除粗糙坚韧的葡萄茎干。现在这些葡萄酒在木桶中的存放时间也比以前要短很多，而且酒庄会在发布新酒前特意地给予葡萄酒更长的瓶中陈年，以此使它们变得更加柔和。你能够在这些不同风格的葡萄酒中品尝出惊人的差异。

巴罗洛的阿尔巴塞拉伦佳镇 (Serralunga d'Alba)，这里是内比欧露国土的中心地带。

特征指南

巴罗洛和巴巴列斯科享有盛名的酒庄包括赛瑞托 (Ceretto)、阿尔德·康特尔诺 (Aldo Conterno)、嘉雅 (Gaja)、布鲁诺·奇阿考萨 (Bruno Giacosa)、阿尔弗雷德·普卢诺托 (Alfredo Prunotto)、卢希阿诺·桑德罗尼 (Luciano Sandrone)、斯卡韦诺 (Scavino)、韦日拉 (Vejra) 和罗伯托·沃尔兹欧 (Roberto Voerzio) 等。注意这些葡萄酒都非常浓烈，口感很干，而且丹宁含量很高，但试着去感受那极其美妙的强烈香气。你可能会闻到紫罗兰、柏油、玫瑰，甚至还有阿尔巴 (Alba) 地区的特产，也就是白松露 (white truffle) 的香气，当然，你得有足够的口福才能品尝到这种山珍。这些葡萄酒通常会有种黑色的色调，随着陈年，它们往往会比普通的法国葡萄酒更快地变成橙色，特别是如果酿酒师在陈年过程中使用了古老的巨大木桶而不是小橡木桶的情况下。

全新的酿酒工艺和味道

那些对传统巴罗洛和巴巴列斯科的酿酒工艺有所改进的酒庄包括布鲁诺·罗卡 (Bruno Rocca)、赛瑞托 (Ceretto)、嘉雅 (Gaja) 和卢希阿诺·桑德罗尼 (Luciano Sandrone) 等。赛瑞托酒庄的葡萄酒通常都以单一葡萄园 (single vineyard) 的形式出现在市场上，比如布丽克·切 (Bricco Rocche) 葡萄园和布丽克·阿斯里 (Bricco Asili) 葡萄园；嘉雅酿制的葡萄酒实在是非常美味多汁。拿一瓶这些酒较近年份的葡萄酒与一家使用传统工艺酒庄的酒相比较，比如阿尔德·康特尔诺 (Aldo Conterno) 的葡萄酒。注意这些"新风格"葡萄酒中的水果味更加明显，而"老风格"葡萄酒中的丹宁含量要高很多。不过，如今不得不说，这两种风格都正在逐渐向中间立场靠拢。

伟大的勃艮第红葡萄酒激发了世界各地的酿酒师对黑品诺的兴趣，同样，皮埃蒙特顶级红葡萄酒的美味也使美国华盛顿州和澳大利亚维多利亚州的酿酒师开始尝试种植和酿制内比欧露。不过，到目前为止，没有任何一瓶酒能够真正捕捉到皮埃蒙特的内比欧露那种令人心醉的酒香。但我坚信，在未来的某一天，某位酿酒师一定能够让我在他的葡萄酒中闻到那些美丽的香气。

皮埃蒙特的另外两种红葡萄

皮埃蒙特也是另外两个拥有纯正意大利血统的葡萄品种的家乡: 巴贝拉 (Barbera) 和杜切托 (Dolcetto)。

就传统而言，巴贝拉酿出的葡萄酒口感通常都更轻，并且有显著的酸度和较低的丹宁。长久以来，没有在木桶中陈年过的巴贝拉都是皮埃蒙特当地人日常饮用的葡萄酒，他们喜欢享受年轻的、有时会稍微冷却一下的巴贝拉，这与品尝上等的内比欧露相比需要有完全不同的心境。然而近年来，出现一股越来越认真对待巴贝拉的趋势，包括让巴贝拉经历木桶陈年，使葡萄酒有更强的陈年潜力。对想要了解皮埃蒙特美味红葡萄酒的消费者来说，这些酒是性价比最好的入门介绍。

杜切托是更加次要、也是更适用于畅饮的品种，尽管它的名字在意大利语中有"甜"的意思，但杜切托其实并不甜。它尝上去其实是干的，不过有丰富的水果味，并且酸度要比巴贝拉低很多，因此给人一种有些甜味的感觉。杜切托的葡萄酒通常在1到2岁的时候就应该被享用。

各种形态的桑乔维赛

桑乔维赛 (Sangiovese)是另一款伟大的意大利红葡萄品种，它的名字来源于罗马神话中的主神朱庇特。这个品种在整个意大利中部都有大面积的种植，并且质量也参差不齐，但所有托斯卡纳 (Tuscany) 伟大而经典的葡萄酒都是由桑乔维赛酿制的，包括蒙塔奇诺－布鲁奈罗 (Brunello di Montalcino)、蒙特普奇阿诺圣酒 (Vino Nobile de Montepulciano)、经典基昂第 (Chianti Classico) 和其他很多葡萄酒。

桑乔维赛有许多不同的克隆品种，酿制出的葡萄酒也各不相同。如果想了解"典型的"桑乔维赛是什么味道，最好的途径就是品尝一瓶优秀的基昂第，来自基昂第产区中心地带的经典基昂第也许是最佳的选择。因为托斯卡纳的山区其实是一个非常凉爽的地方，因此基昂第产区种植的桑乔维赛品种大部分都成熟得较

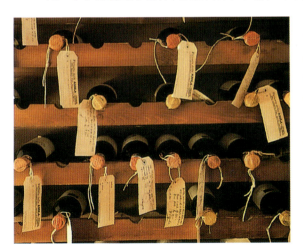

晚，尤其是海拔较高的葡萄园中那些克隆质量稍微低劣的葡萄藤；不过现在大量的葡萄园已经都开始重新种植一些质量更高、颜色更深的克隆品种。桑乔维赛另外一些特点包括显著的酸度和某种诱人的乡土味道。

经典珍藏基昂第——最长寿的基昂第。

THEORY

桑乔维赛在我的品酒笔记中总是有"农场"这个词，实际上我非常喜欢这个特征。就像很多其他的意大利红葡萄酒一样，桑乔维赛的口感也常常会有点苦。以桑乔维赛为主的基昂第不同于其他葡萄酒的主要特征就是：红宝石的颜色，在仅仅3到4年后通常就会呈现出橙色的色调；有一种年老植被的香气；酸度很高；并且有一点苦味的口感和某种颗粒状的质感。不过，在经典珍藏基昂第中，桑乔维赛就成为一种香气浓烈、高贵、具有陈年潜质和真正美味的葡萄酒。

桑乔维赛在罗马涅（Romagna）、翁布里亚（Umbria）和托斯卡纳的其他产区都有大面积的种植。辛酸和浅淡的廉价罗马涅桑乔维赛是它最平庸的形式，这些葡萄酒都是用产量极高、质量最差的桑乔维赛克隆酿制而成，并且越早享用越好。不过罗马涅也还是确实有一些质量优秀的桑乔维赛克隆。

PRACTICE

基昂第

任何意大利特色的葡萄酒专卖店都应该备有一组不错的基昂第酒单。基昂第这个产区在不停地演变。与那些大多数一般的基昂第葡萄酒相比，经典基昂第味道更加集中，而且更有陈年潜力，它的标志是一只黑色的小公鸡，在棕褐色的直边酒瓶后面还有一个封条。试着感受一下你个人对桑乔维赛的味觉印象，注意它的苦味和相对较高的酸度，闻上去有各种各样元素组成的迷人香气。

盲品一瓶便宜的罗马涅桑乔维赛和一瓶较年轻的经典基昂第，并且试着区分它们，这会是个很好的评估质量的练习。那瓶便宜的葡萄酒中不可能会有经典基昂第中那么丰富的味道。有无数的酒庄都出产桑乔维赛，不过一瓶可靠的安提诺里（Antinori）酿制的葡萄酒还是很容易就可以找到的。

THEORY

桑乔维赛和"外地人"

桑乔维赛在蒙塔奇诺－布鲁奈罗葡萄酒中达到了它名气和价钱的顶点，这些酒来自蒙塔奇诺镇周围的葡萄园，并且只用一种叫做布鲁奈罗的桑乔维赛克隆酿制而成。这些葡萄酒在酒体、内涵和陈年潜力方面都比基昂第高出一个档次。附近的蒙特普奇阿诺（Montepulciano）产区也有它自己的"圣酒"（Vino Nobile），这也是用桑乔维赛在当地的一种克隆品种酿制而成的，优质的蒙特普奇阿诺圣酒有时几乎可以像布鲁奈罗那样高贵。这些葡萄酒比经典基昂第有更丰满的酒体，主要原因就是蒙塔奇诺和蒙特普奇阿诺产区的地理位置比多丘陵的经典基昂第产区更南面一些，因此气候也更暖和。

蒙塔奇诺-布鲁奈罗
的基昂第葡萄藤。

经典基昂第刚刚从一段混乱的时期中平静下来。曾几何时，白葡萄品种允许被调配到基昂第酒中，因此使葡萄酒变得十分稀薄和辛酸。这个时代已经过去了，过时许久的法规也已经被更新了。在20世纪末，有一股依照波尔多红葡萄酒的模式酿酒的风潮，很多酿酒师不仅抛弃了用斯洛文尼亚橡木建造的传统的大酒桶，开始使用法国橡木的小木桶，而且也从法国进口了一些葡萄品种，特别是赤霞珠和美乐。这些葡萄酒既不是波尔多红葡萄酒的复制者，也不是当地桑乔维赛和外来品种的调配葡萄酒，它们被称为"超级托斯卡纳"（Supertuscan），并且毫不理会官方的基昂第法规而独自运作。

如今法规已经有所改变，在经典基昂第葡萄酒中，允许将一小部分非传统的品种与经过改良的传统桑乔维赛克隆品种调配起来。这里的酒庄通常都会酿制普通的经典基昂第，这些酒需要在年轻时就被享用；同时也会出产更庄重的经典珍藏基昂第，它们都有能够长久陈年的潜质；最后也许还会额外酿制一些超级托斯卡纳。不过，如今桑乔维赛品种和传统酿酒工艺在经典基昂第产区已经得到越来越多的重视和敬意。这也反映出一个国际性的现象，那就是重新来评估自己当地葡萄品种的实力，而不再是冒昧地认为来自法国的任何东西都是更好的。

在托斯卡纳海岸线上，有一个叫做马雷马（Maremma）的新兴产区，这里气候更加暖和。这个产区与其他地区有所不同，因为这里的葡萄酒展示了赤霞珠和美乐能够在马雷马酿出极其出色的葡萄酒，例如早在上个世纪60年代就出产的西施佳雅（Sassicaia）。所以，近年来在这个曾经无人问津的地区出现了一股狂热的投资热潮。

更多的红葡萄品种

添普兰尼洛——伊比利亚的珍品

添普兰尼洛 (Tempranillo) 是西班牙最高贵的红葡萄品种，在里奥哈和杜埃罗河岸 (Ribera del Duero) 这两个最著名的红葡萄酒产区中都是领衔主角。

添普兰尼洛的名字来自"temprano"，在西班牙语中就是"早"的意思，它的成熟期也确实相对较早，因此非常适合种植在海拔高的葡萄园中，包括里奥哈地区的西部，也就是上里奥哈 (Rioja Alta) 和阿拉韦萨－里奥哈 (Rioja Alavesa)，还有杜埃罗河岸产区，在那里它叫做红非诺 (Tinto Fino)，是"小红珠"的意思。这个品种在纳瓦拉 (Navarra)、佩内德斯 (Penedes) 和瓦尔德佩纳斯 (Valdepeñas) 南端都有种植，在后两个产区它的别名分别是乌尔里布雷 (Ull de Llebre) 和森希贝尔 (Cencibel)。添普兰尼

里奥哈的添普兰尼洛葡萄藤，
这里是它最原始的据点。

洛在葡萄牙也有广泛的种植面积，尤其从杜埃罗河岸顺流而下，在被葡萄牙人称为杜罗河 (Douro) 的河岸上，也就是波特葡萄酒的产区中，在这里它的名字是红罗丽兹 (Tinto Roriz)。甚至在葡萄牙更炎热的阿伦特如 (Alentejo) 产区中也有属于它的葡萄园，在那里它被叫做阿拉贡内斯 (Aragonês)。

我用来描述添普兰尼洛特征味道的线索词是"烟草叶"。即使我从来没有真正地闻过一片新鲜的烟草叶子，但添普兰尼洛的青绿感、泥土味和它那种非常鲜美的感觉确实使我想起了烟草叶。添普兰尼洛酿出的葡萄酒往往都比较坚实，颜色很深，并且有长久陈年的潜质。这个品种似乎与橡木有某种天然的亲和力，并且在传统上都是美国橡木。

特征指南

品尝一瓶来自纳瓦拉 (Navarra) 产区那种便宜的、没有经过木桶陈年的添普兰尼洛单一品种葡萄酒，比如齐维特酒庄 (Chivite) 或者维嘉·拉·帕拉齐欧 (Palacio de la Vega) 酒庄生产的葡萄酒，这也许是使你自己熟悉添普兰尼洛香气性价比最好的选择，不过任何来自杜埃罗河岸或者托罗 (Toro) 产区的葡萄酒也都没有问题。优秀的杜埃罗河岸酒庄包括阿里安 (Alion)、萍姑 (Pingus)、佩斯奎拉 (Pesquera) 和贝加西西里亚 (Vega Sicilia) 等。

图丽佳——葡萄牙的宝石

葡萄牙也能够出产一些非常激动人心的添普兰尼洛，不过它们往往比最优秀的西班牙添普兰尼洛成熟得更快。另一方面，这个国家也有着自己的宝藏，那就是它数量极其惊人的本土葡萄品种。其中最显著的高质量红葡萄品种就是图丽佳 (Touriga Nacional)，我相信它在全世界将会有愈来愈广泛的种植。图丽佳被一致地认为是酿制波特酒最佳的葡萄品种，但它也能够酿制出非常出色的餐饮酒 (table wine)，无论是以单一品种出现，还是作为调配酒的成分之一。

如今在葡萄牙有越来越多的单一品种的图丽佳葡萄酒，它们总是有很深的颜色和很强的陈年能力，在出色的佳酿中还有很像波特酒那种令人难以忘怀的味道，它的香气常常使人想起焰火和深紫色的天鹅绒。

道产区 (Dão) 的罗奎斯酒庄 (Roques) 和佩拉达酒庄 (Pellada) 能够酿制出一些最美味的图丽佳单一品种葡萄酒。

品诺塔吉——南非的特产

品诺塔吉 (Pinotage) 已经变成南非最具特色的红葡萄品种, 这种黑品诺和神索 (Cinsault) 的交配品种尝上去和它的双亲的味道都不一样。品诺塔吉葡萄酒的颜色通常是非常活泼的绯红色, 它们需要在相对年轻时就被享用, 充满了许多圆滑的红水果味和牛奶巧克力的味道, 在一些酿制得不是很成功的葡萄酒中, 还有某种家用清洁粉的气味。

仙芬黛——加利福尼亚人的骄傲

仙芬黛 (Zinfandel) 这个最经典的加州葡萄品种的血统一直都是个谜, 直到DNA分析证实了它与意大利南部的普瑞米蒂沃 (Primitivo) 品种和一种无名的克罗地亚葡萄品种是完全相同的。仙芬黛品种的成熟虽然并不均衡, 但它很容易就可以达到极其高的糖分含量, 所以现在16度的仙芬黛并不罕见, 并且通常都是产自那些早在禁酒令 (Prohibition) 之前就已经种植的低产量的古老葡萄藤。这个品种如果产量过高的话, 就会酿制出仅仅像果酱般的、有种倒胃口的腻味浆果香气的葡萄酒。但在一些出色的葡萄果农和酿酒师手中, 仙芬黛能够酿制出极其高贵的葡萄酒, 它们有像波尔多红酒那样能在木桶中陈年的价值, 即使这些酒很可能会在5到8年后就达到了顶峰。西耶拉山 (Sierra Foothills) 产区有一些相当古老的仙芬黛葡萄藤。

山陵庄园 (Ridge Vineyards) 和仁木酒庄 (Renwood) 出产一些世界上最优秀的仙芬黛葡萄酒。马丁内利 (Martinelli) 的呆瓜山 (Jackass Hill) 和特丽酒庄 (Turley Cellar) 的仙芬黛是在高酒精度风格中最出名的。

所谓的白仙芬黛大致上就是一种对红葡萄的浪费, 它是用不够成熟的仙芬黛酿制而成的浅淡的粉红葡萄酒 (pink wine), 而且常常会调配入一些香气更浓的葡萄, 使酒有更多的味道。

春天加州索诺玛 (Sonoma) 产区百岁以上的仙芬黛葡萄园, 园里有许多芥菜覆盖作物。

马尔白克——在阿根廷更出色

在法国，马尔白克（Malbec）品种以法国西南部卡奥尔（Cahors）产区那些乡土味仍旧十足的葡萄酒而著称。在19世纪的某个时间，马尔白克被带到了阿根廷，并在那里茁壮成长，马尔白克已经是这个国家种植面积最广、也是最稳定和成功的葡萄品种了。在炎热的南美阳光下，尤其是在门多萨（Mendoza）产区那些经过灌溉的葡萄园中，也就是在智利葡萄酒区域安第斯（Andes）山脉的另一边，马尔白克能够酿出充满精华物和戏剧性的葡萄酒，有一种丝绸般柔顺的丰满感，这在我品尝过的任何卡奥尔葡萄酒中都是找不到的。

特征指南

购买一瓶阿根廷产的马尔白克，这应该很容易就可以找到，因为阿根廷已经是世界上最大的葡萄酒生产国之一了。阿根廷的马尔白克和智利的赤霞珠一样，大部分酒庄的质量都非常可靠而稳定，不过七星庄园（CLos de Siete）和卡特那·阿尔塔（Catena Alta）的马尔白克尤其浓厚。注意其中那强烈的酒精度，酸度虽然也许会比较突出，但是很有可能是后来添加的，还有那种极其显著的干浸出物，使葡萄酒尝上去确实有种很稠密的口感。实际上，一些超级成熟、酒精含量极高的阿根廷马尔白克都好像糖浆似的。

一些常见的调配红葡萄酒

波尔多和其他产区类似的葡萄酒（包括北美洲的梅丽泰吉〔Meritage〕，其实就是用波尔多品种调配和酿制的美国葡萄酒）：赤霞珠，美乐，品丽珠

隆河谷和其他产区类似的葡萄酒：席拉，歌海娜，慕尔韦度

里奥哈和纳瓦拉（Navarra）：添普兰尼洛，歌娜恰（Garnacha，也就是歌海娜）

意大利中部：桑乔维赛，当地的卡纳伊欧罗（Canaiolo）和寇罗尼诺（Colorino），可能也会有一点赤霞珠或美乐

澳大利亚和普罗旺斯：赤霞珠，席拉/席拉子

进阶品酒：波尔多vs勃艮第

这是一个至关重要的练习，所以我把它安排在独立的一节里。外行人也许会觉得区分一瓶波尔多红酒和勃艮第红酒是件简单到不可理喻的小儿科事情，直到你将他们的眼睛蒙起来，他们甚至可能连红葡萄酒和白葡萄酒都分辨不出。我的一个朋友在庆祝她新近获得的"葡萄酒大师"资格的晚宴上，十分尴尬地将一瓶勃艮第混淆成波尔多红酒。有人曾经问最长寿的英国葡萄酒商人哈里·沃（Harry Waugh），他最后一次将波尔多和勃艮第弄混是在什么时候？他的回答让我们心理都平衡许多，"哦，就是今天午饭的时候。"

你可以用任何一瓶波尔多红葡萄酒和勃艮第红葡萄酒来完成这个练习，不过最好还是选择一对年份和质量都相仿的葡萄酒。到目前为止，本书中所有推荐的葡萄酒都可以选用；任何典型的赤霞珠和黑品诺都将是很不错的例子。下一页内容将有一个简略的品酒推论，你多半也会按照这个顺序来品酒。

这杯葡萄酒的颜色有赤霞珠的深度，但却没有很深的蓝色，可见它并不十分年轻。

分析线索

颜色	浅淡	深厚
	表明是品诺,或者较差年份的赤霞珠	表明是赤霞珠,或者非常优秀年份的品诺
黏性	低	高
	表明是品诺	表明是赤霞珠,或者发酵时加入了很多糖分的品诺
香气	覆盆子/植被味	黑醋栗和/或者雪松/草本味
	表明是品诺	表明是赤霞珠
甜度	甜	干
	表明是品诺,或者华丽年份的赤霞珠	表明是赤霞珠
酸度	很明显	被果味掩盖
	表明是品诺,或者非常年轻、也可能是非常老的赤霞珠	表明是赤霞珠
丹宁	低	高
	表明是品诺,或者非常成熟的赤霞珠	表明是年轻的赤霞珠
酒体	轻	丰满
	表明是品诺,或者品质较差的赤霞珠	表明是赤霞珠,或者杰出年份的品诺

　　就像其他盲品一样,最好是有人可以递给你没有标识的杯子。而且请不要将杯子弄混,这样你的同伴就可以知道哪个杯子中是哪种酒,比如左边的那个杯子总是波尔多红葡萄酒。或者他可以用标签笔在杯子上面做个记号。如果你不得不、或者更喜欢自己做这个练习的话,你可以不停地转换杯子的位置,直到你忘掉杯中是什么酒。不过这样做有一个麻烦,就是在练习中间的时候你就不能给自己添酒了,而且练习结束时,你必须领悟到足够的知识和品酒技能,这样才能知道杯中到底是哪种葡萄酒。

　　如果你能够熟练地掌握这个经典的葡萄酒高级测试,那你完全可以为自己感到自豪了。现在你就可以去找出一瓶圣艾美侬 (St Emilion) 或者波美侯 (Pomerol),试着说出它们与一瓶勃艮第之间的区别。以美乐为主的葡萄酒也会有一些甜度,但它有一种李子般的丰富感,酒体饱满,丹宁较高,而且有更深的颜色;而勃艮第红酒尝上去则有一种覆盆子般的水果味,并且酒体和颜色都更轻。

波尔多：一堂生动的地理课

波尔多 (Bordeaux) 面积辽阔，但却又是个井然有序的葡萄酒产区，这也就是为什么它是许多喜欢盲品的葡萄酒爱好者最喜欢的产区。

波尔多被无数个独立的酒庄和葡萄园所占据，多年来它们从未改变过，如果有也只是非常小的变化。每个地区，包括梅多克 (Médoc)、格拉夫(Graves)、圣艾美侬 (St Emilion)、波美侯 (Pomerol) 和其他名气稍小的产区，都被整齐地分割成乡村 (commune) 或者区 (parish)，其中每一个都有它们自己与众不同的特点，就像每个年份都会将自己的特征留在那年出产的葡萄酒中一样。这种品质在波尔多优质葡萄酒产量最高的地区，也就是大名鼎鼎的梅多克产区，尤为真实。不过，如今梅多克也受到了当前潮流的影响，那就是酿制出尽可能饱满、浓厚而且酒精含量高的葡萄酒，因此也就模糊了各个小产区之间的差别。

在盲品一瓶波尔多红葡萄酒的时候，首先你应该判断这是瓶以美乐为主的葡萄酒，也就是产自圣艾美侬或者波美侯地区的；还是以赤霞珠为主的葡萄酒，也就是来自梅多克或者格拉夫产区的。如果你闻到了美乐那种丰富的李子味，请接着寻找是否有浓烈的香料味，如果有，并且葡萄酒颜色很深的话，那它应该会将你带到波美侯。如果葡萄酒中除了美乐，好像还混合着很明显的品丽珠的香气和味道，也就是有些稍微烘烤过的牛肉的气味，并且酒体略微轻一些，那么这就应该是标准的圣艾美侬。

如果这是瓶以赤霞珠为主的葡萄酒，品味它是否有种独特的"质感"，某种干的、沙子般的、或者几乎泥土般的芳香的味道，这就是格拉夫产区的特征。如果你没有品尝到这些，那从理论上来说，你就可以开始判断这瓶葡萄酒是梅多克产区的哪个乡村的出品了。不过在实践中，大多数盲品者在这个时候都已经开始漫天猜想了，会不会是意大利的？也许是加州的？

梅多克的产区

圣艾斯代夫 (St Estèphe) 是秩序井然的梅多克最北面的产区，产自这里的葡萄酒的酸度通常是整个梅多克地区最高的，最典型的圣艾斯代夫葡萄酒在年轻时丹宁尤其高，并且有种坚硬感。

波雅克 (Pauillac) 是名气最响的产区，梅多克1855年分级中共有4个一级庄园，波雅克产区就囊括了其中的3个。这里的葡萄酒往往有十分集中的味道，有浓厚的黑醋栗味和很多丹宁。

玛歌（Margaux）位处梅多克的南端，这个产区的葡萄酒更加精致，更加芳香，并且有更多美乐的感觉。

圣于连（St Julien）拥有许多二级庄园，这里葡萄酒的风格介于波雅克和玛歌之间，"该有的恰好都有了"是最方便、恰当的介绍，不过某种雪松木的香气常常会出现在圣于连的葡萄酒中。

盲品波尔多是最常见的品酒游戏，而且不管你信不信，它确实也是其乐无穷，所以我才会花费这些篇幅来撰写波尔多的葡萄酒。在盲品波尔多红葡萄酒方面，我觉得那些对这些美酒真正上瘾的人可能比我本人更有信心。请记住，真正的乐趣其实是来自于品酒过程本身。

年份与年龄

在派对或者晚餐上，如果猜中产区会令人对你刮目相看的话，那么猜中年份几乎会使你有"酒神"的地位。

其实和大众的看法相反，这个绝技只能用在相对较少的一些葡萄酒上。我们喜欢喝的那些爽口的年轻干白葡萄酒，经过长久的陈年通常都进入了乏味和无趣的状态，所以猜许多白葡萄酒的年份其实就等于在猜它们的年龄。这个事实对许多批量生产的普通红葡萄酒也一样，它们需要在尽可能年轻的时候就被喝掉。

猜测年份只有对两种葡萄酒来说，才是件有意义的事情：一是那些随着时间的流逝，能够演变出有趣和复杂特征的葡萄酒，也就是那些不仅仅只是"长大"、而更是能变"成熟"的酒；还有就是产自那些每年天气情况都有很大差异的产区的葡萄酒，因为每个年份它们都有其自己的特征。这也就是说，实际上在大多数情况下，猜测年份这个广为流传的练习只适用于用霞多丽、雷司令和赛美蓉品种酿制的白葡萄酒，还有这一章中讨论过的那些经典的葡萄品种酿制的红葡萄酒。不同年份的加利福尼亚赤霞珠确实会有不一样的特征，但在气候不那么炎热的波尔多，年份的区别才会尤为显著。

在杂志和报纸中有无数关于葡萄酒不同年份的报导，包括它们的特征和它们是如何逐渐演变的。顺便说一句，一定要认识到，当葡萄酒在瓶中陈年的时候，它们对应的不同年份也同时在逐渐变化。2000年的勃艮第是个有些被忽视的年份，主要是因为它前面的1999年是个极其出色的年份。但是实际上对勃艮第爱好者来说，这个年份其实是十分令人享受的。

连续年份的比较

当然，相互比较两个连续的年份之间会有多么不同还是个很有意义的练习。我们知道随着陈年，红葡萄酒的颜色会渐渐变浅，并开始出现褐色的色调，但与猜测波尔多红酒的年龄相比，识别波尔多的年份则需要更多的知识和经验。举个例子，和2003年份相比，2002是个浅薄和无力的年份。因此当你同时比较一瓶2002年份和一瓶2003年份的波尔多红葡萄酒时，你也许会被诱导，以为2002年的那瓶应该会更老，因为相比之下它的颜色更加浅淡。但注意看葡萄酒的色调，2003年的那瓶应该有更多的一些紫色。当你品尝这两瓶酒时，你会发现2002年份的那瓶在酒体方面更加轻薄，而且也不是那么有意思；而2003年份的则有更加集中的香气和颜色，并且丹宁依旧相当明显。

陈年的阶段

请记住，对红葡萄酒来说，丹宁、有点蓝色的色调和颜色的深度，都是年轻的表现，而复杂的香气和色调的渐弱则表明了成熟。如果你买了好几瓶同一种葡萄酒，比如说一箱12瓶，那你就需要监控它陈年的过程了，这样才不会过早地享用它。对一瓶质量中等的波尔多红葡萄酒来说，3到5岁应该是最佳的饮用时期，而那些更受尊重的葡萄酒则可能需要30年左右的时间才能真正成熟。一般而言，葡萄酒越好，你就不得不等待越长的时间让它来证明自己。但可悲的是，你自然不可能知道一瓶葡萄酒是否达到了享用它的最佳时期，直到它过了这个顶点以后。大致来说，以赤霞珠、席拉和内比欧露酿制的葡萄酒，比用美乐、品丽珠、黑品诺、歌海娜、桑乔维赛、仙芬黛和品诺塔吉这些品种为主而酿制的酒，需要更久的时间来陈年。顶级质量的添普兰尼洛和图丽佳葡萄酒也要花不少时间才能成熟，但市面上也有许多需要尽早享用的普通例子。

还有一定要记住，许多葡萄酒，尤其是上等的红酒，会有一段比较"呆滞"的时期，这时候你的感官对它们不会有太多的印象，尤其是闻不到什么香气。特别是那些新近装瓶的、大概2岁左右的葡萄酒，或者在10岁前的某个阶段，优质的红葡萄酒会给人一种很"封闭"的感觉，好像一个"大家闺秀"将自己关在房中，正在聚精会神地将瓶中所有的美味"编织"在一起似的。因此不要轻易质疑一瓶颜色很深、丹宁很强、但酒香不浓的葡萄酒，这是因为年轻的它正在装扮自己，即将展示出它的动人魅力，所谓"女大十八变"。

葡萄藤的年龄

葡萄藤的年龄与其最终葡萄酒的香气和味道有着极大的关系。

从产量方面来说，在3岁的幼年时期，葡萄藤即可结出足够的果实用于酿酒；在15岁到20岁的壮年时期，其产量达到了顶峰；然后就会不断下降，直到50岁的时候，从经济角度来考虑，它几乎已经是不值得继续种植的"高龄"的葡萄藤了。然而，葡萄酒的质量却是随着葡萄藤年龄的增长而越来越优秀。所以，那些极其追求品质的酿酒师会特意寻找非常"高龄"的葡萄树，将其果实酿制的酒调配到最终的葡萄酒中，给酒增加更复杂、更深邃的香气；他们甚至会专门只用这种老藤的果实来酿造非常特别的葡萄酒，即使从经济角度来说，这种做法已经不合理了。

虽然葡萄在第一次收成时质量会很不错，也许因为这段时间果实和叶子的比例相对较高，但是总的来说，用老龄葡萄藤的果实酿出的酒确实会有更多层次的香气。试着品尝一瓶用老藤酿造的仙芬黛和一瓶普通的仙芬黛，看看会有怎样的不同。不过，也有一些专家认为葡萄藤的年龄不是质量的决定性因素，而是因为老藤的葡萄收成都极其低的原因。

索诺玛产区俄罗斯河谷的年老无比的仙芬黛葡萄藤，在上世纪20年代的禁酒时期之前几十年就已经种植在这里。

年轻的和年老的

买两瓶风格类似的葡萄酒，一瓶用年轻葡萄藤的果实酿造，一瓶来自年老的葡萄藤，这样的酒在酒标上应该会有标注，如法语中的Vieilles Vignes，葡萄牙语的Cepas Velhas，或者德语的Alte Reben。比较它们香气深度的不同，甚至颜色上都会有差别。

葡萄园的位置

在某种意义上，所有顶级的葡萄酒都证明了一个非凡的事实，那就是位置不同的葡萄园，甚至是紧紧相邻的那些葡萄园，都能够酿出有不同特点的葡萄酒。

在一个霜冻的清晨，仔细观察一下某一块土地，无论是一片田野、一个花园，或者是自家的后院，你会发现其中某一些区域有更多的霜冻；或者你也可以在某个炎热的下午观察同一块土地，注意那些自然特征是如何保护某些区域，使其不受骄阳的暴晒，而对另外一些区域却"置之不理"。这些都是地表环境有不同物理状态的显著证明。如果再加上地面以下的土壤和下层土也都极其不同的事实，那么每个葡萄园都有自己独特的物理特征，也就算不上是件很令人吃惊的事情了。这就是法国人所说的"terroir"，并且通过其所酿的葡萄酒表现出来。

葡萄园和葡萄酒

如果想要自己例证、而不一定是要解释这个现象，最好是品尝来自同一酒庄的两瓶葡萄酒，它们需要产自同一年份和同一地区，但来自不同的葡萄园。当然也可以是两瓶勃艮第、两瓶同一产区的波尔多酒庄，或者产自澳大利亚或加利福尼亚两个邻近葡萄园的葡萄酒。米歇尔·毕兹雷 (Mitchell Beazley) 出版的《葡萄酒世界地图》(World Atlas of Wine) 会是你宝贵的向导。在我眼里，最好的例子就是伟大的摩泽尔酿酒师J. J. 普朗 (J. J. Prüm) 酿造的一系列葡萄：维兰—日晷园 (Wehlener Sonnenuhr) 和哥拉奇—仙境园 (Graacher Himmelreich) 是两个紧紧相邻的葡萄园，而它们的葡萄酒则清楚地展示了前一个葡萄园能够沐浴到更多的阳光，仅仅是因为它在河岸边朝东面太阳的方向多偏移了几度。

酒瓶大小

一般来说，放在大小不同瓶子中的葡萄酒成熟的进度也会有所不同。虽然每个酒瓶中都有差不多体积的氧气，但是葡萄酒的容量不同，因此氧化的速度也不一样。

375毫升半瓶装葡萄酒的成熟速度会很快，和750毫升标准瓶的葡萄酒相比，它也许不会演变出太多有趣的味道。被公认为最令人满意的就是夸脱 (magnum) 酒瓶了，能盛入1.5升的葡萄酒，相当于两个标准瓶。这也是为什么以夸脱酒瓶出售的顶级葡萄酒通常比两个750毫升标准瓶的价钱总和还要高。现在市面上常常还有容量更大的酒瓶，但更多是为了其本身稀有的价值，尤其是超大瓶的香槟；因为这种香槟通常都不是在自身的酒瓶中陈年的，而是在高压下用好几瓶标准瓶的香槟盛满的。

大瓶与小瓶

寻找一种至少已经3到5岁的葡萄酒，并且是既有750毫升、也有375毫升包装的，然后比较这两瓶葡萄酒的味道。半瓶装的那瓶酒看上去应该更成熟，颜色呈深褐色，尝起来也同样更加成熟。如果是红葡萄酒，丹宁的含量也会比较少；如果是白葡萄酒，酸味则会比较淡。

葡萄酒瓶的大小一般包括：1.5升、750毫升、500毫升（通常都是用于甜白葡萄酒）、375毫升和187.5毫升（用于飞机上服侍的）。

第五章 加烈酒和起泡酒

起泡酒是如何酿成的

酿制起泡酒 (sparkling wine) 有不同的方法。当然，最费力和最昂贵的方式，自然会酿出质量最好的葡萄酒。

这是一种传统工艺，法语称为 "méthode traditionnelle"， 香槟 (Champagne,相对于世界大部分地方，只有产自法国东北部香槟地区的起泡酒才有权利用"香槟"这个名字) 以及绝大部分最接近香槟风格的起泡酒就是用这种工艺酿成的。这个工艺的原理就是在发酵过程中释放出二氧化碳气体。将仔细挑选的基酒 (base wine) 装入坚固的酒瓶中，加入一些糖和酵母，然后用木塞封好。酵母会使加入的糖分在瓶中进行二次发酵，从而形成二氧化碳溶解在葡萄酒中，并且留下一些沉淀物。正是这些沉淀物和基酒之间发生反应——叫做酵母自我分解 (yeast autolysis) ——使出色的起泡酒有那些特别的美味。葡萄酒和这些沉淀物接触的时间越长，酒味就越复杂，在18个月时间以下是不会有太多特别效果的。

唯一的问题 (但完全是美学方面的) 就是，我们都希望起泡酒应该像水晶一般干净，而不会有任何沉淀物。当葡萄酒准备出售时，酒庄会人工地、或者用机器把酒瓶逐个地倒置起来，这样瓶中的沉淀物就会慢慢移到酒瓶的瓶颈部位。这时，瓶颈部分会被冷冻起来，当在一定压力下打开酒瓶时，被冷冻的部分会因为压力而飞出来。之后再将酒瓶添满，通常还会再加一点糖，术语叫"补液"(dosage)。最干的气泡酒叫"自然"(Brut)，有些完全不加补液的叫"超自然"(Extra Brut)。酒标上写"超干"(Extra Dry)的其实比"自然"的要稍微甜一些。

原始的摇瓶工序 (Remuage)，人工将沉淀物摇晃至瓶颈，极其耗费人力。

175

用上述传统工艺酿制的起泡酒会有更小、更一致并且更持久的气泡。它们的酒标上通常写有"香槟"(法国)、"传统工艺"(traditional method),或者"瓶中发酵"(fermented in this bottle)这样的标识。相反,还有一种更直接的方法,就是把气直接"打到"便宜的基酒中,就像给自行车打气一样,碳酸饮料就是用这样的方法制作的。这些最廉价的起泡酒通常开始时会有强烈并且较大的气泡,但很快就消失了。

在上述这最好和最廉价的两种工艺之间,还有一种最普遍的方式,叫做罐内二次发酵法(tank method,或者Charmat method),这种方法所依靠的是密封酒罐。二次发酵是在酒罐中进行的,而不是在酒瓶中,虽然可以产生性质相同的气泡,但这种方式几乎无法产生那种十分重要的葡萄酒和沉淀物之间的反应(酵母自我分解)。为了防止气泡流失,这些酒都是在高压下装瓶。

还有一种叫做转移法(transfer method)的工艺,即二次发酵是在酒瓶中完成,之后将酒倒出,然后过滤,再装瓶,当然这些都是在高压下进行的。

廉价起泡酒

到一间酒单不错的餐厅或者酒吧,点一杯那里最便宜的起泡酒,那种酒估计酒标上都没写是用什么工序酿造的,再点一杯最昂贵的香槟,比较一下它们气泡的大小,并看看香槟的气泡是不是比起便宜的起泡酒持续得更加长久。

起泡酒中的气泡,越小越好。

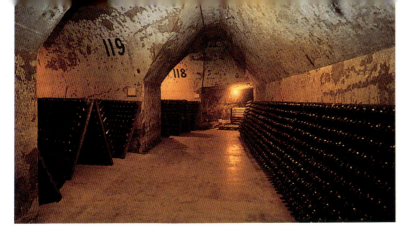

许多香槟厂家的酒窖都和凯歌香槟 (Veuve Clicquot) 一样，
通常都是在当地白垩土的土层中挖出来的。

调配配方

香槟，还有那些最好的起泡酒，几乎都是由不同品种的葡萄精心调配而成的。受欢迎的品种通常包括：霞多丽，黑品诺，还有味道没有那么强烈的黑品诺的表弟莫尼耶品诺 (Pinot Meunier)，偶尔也会有白品诺。

只用霞多丽酿造的起泡酒叫做"白中白"（Blanc de Blancs），相反，用黑色品诺家族的葡萄酿造的则叫做"黑中白"（Blanc de Noirs），不过，最常见的起泡酒还是调配葡萄酒。黑色品诺葡萄发酵前经过轻柔的压汁，所以产出的酒颜色也极淡。理想的香槟基酒，就像白兰地的基酒一样，都十分酸，味道也比较平淡。香槟酿酒师的艺术就在于预测在二次发酵以及与沉淀物陈年许久之后，不同葡萄组成的调合酒会变成什么样子。便宜的起泡酒一般都是用便宜的葡萄做的。

香槟地区基本上可以说是能够种植葡萄的最北边的界限了（除了英国，那里也出产一些非常出色的起泡酒）。这说明香槟的酸度很高，通常只能依靠和沉淀物的长久接触来慢慢软化、抵消掉。廉价香槟的生产商往往会走捷径，就是将葡萄酒按照规定的最低标准陈年15个月，然后加入相对更多的补液。这种粗糙而低劣的甜味和酸味的混合，通常只会把葡萄酒搞得更糟，因为便宜的香槟都是用最便宜的葡萄做的，而且它们一般都被过度压汁，所以味道都很涩。这种香槟是非常劣质的葡萄酒，来自世界其他产区的优质起泡酒通常会更加吸引人，而且价钱也并不比这些低劣的香槟贵多少。

一分价钱一分货

品尝一瓶用最好葡萄酿造的优质香槟和一瓶便宜的香槟，比较一下它们的味道，贵的那瓶是否味道更深厚，更丰富，而且饼干味更浓？

名字中的奥秘

下次当你需要不少起泡酒来招待客人的时候，买一瓶最便宜的法国香槟，并且和世界其他产区最优质的起泡酒相比较。酩悦 (Moët et Chandon) 在加州和澳大利亚的酒庄是这个练习最好的选择。路易王妃 (Louis Roederer) 在美国的酒庄，侯德乐庄园 (Roederer Estate)，也许是加州最棒的起泡酒生产商。克柔色 (Croser) 是另一款非常出色的澳洲起泡酒，而培罗柔斯 (Pelorous) 则是优秀的新西兰起泡酒的范例。你可能会发现新世界的起泡酒比便宜的香槟更容易入口，并且不会那么酸涩。

其他一些起泡酒

几乎世界的每个角落都生产起泡酒，其中有几种是最重要的。

卡瓦 (Cava)

这是极其流行的西班牙起泡酒，主要产自加泰罗尼亚 (Catalonia) 地区，用当地的马卡贝奥 (Macabeo)、沙雷洛 (Xarel-lo) 和帕雷亚达 (Parellada) 品种酿成，其中帕雷亚达是最合适的品种，不过霞多丽和黑品诺也越来越常见。卡瓦通常都有强烈的气泡，并且有浓郁的柠檬味，和霞多丽/黑品诺调合出的奶油感很不一样。

Metodo Classico (意大利文的"传统工艺")

意大利的起泡酒，用霞多丽和黑品诺以传统工艺酿造。是伦巴第 (Lombardy) 的特产，其中卡德尔·柏斯寇 (Ca del Bosco) 是最有名的生产商。

香槟以外的所有法国起泡酒 (Crémant)

除了香槟产区，大部分用传统工艺酿制的最好的法国起泡酒包括：阿尔萨斯起泡酒、波尔多起泡酒、勃艮第起泡酒、黎慕起泡酒和卢瓦尔起泡酒。不过，像黎慕—布朗克特 (Blanquette de Limoux)、迪—克莱雷特 (Clairette de Die) 和加亚克 (Gaillac) 起泡酒这些也很不错。

塞克 (Sekt)

来自德国和奥地利的用所有工艺酿制的起泡酒。如果基酒是产自德国的，名字

就变成德国塞克 (Deutscher Sekt)，不过这种酒通常非常罕见。由于是用雷司令这样香气很浓的葡萄酿制的，所以风格非常不同，口感也会更轻。

服侍起泡酒

一瓶起泡酒可以是助兴的好帮手，但也可以变成一件危险的武器。

这是因为起泡酒酒瓶中的气压和一辆大型汽车轮胎中的压力差不多。这些压力能使木塞快速飞出，并有可能对周围的人或物体造成损害，尤其可能伤害到人的眼睛。开起泡酒时请一定要用你的拇指或者掌心持续地按住木塞，直到它从酒瓶中慢慢滑出。

始终将你的拇指按在木塞上面，把压住木塞的铁丝套轻轻扭开。之后，将酒瓶倾斜到45度，这样葡萄酒的表面积最大，因此也使木塞下的压力减到最小。请依然用拇指压住木塞，然后轻轻转动酒瓶。如果方法正确，木塞自己会慢慢滑出，而且可以听到很轻的跑气声，而不是"砰"地一声就跳出来了。起泡酒越凉，晃动得越少，就越好开（起泡酒冷藏的温度可以比大多数白葡萄酒更低）。简而言之，那些赛车手在奖台上拿香槟庆祝的情形是个如何正确开启起泡酒最好的反面教材。

因为气泡是起泡酒的特点，所以应该选择那些能使气泡持续最久的杯子，比如又高又细的杯子。如果想要尝出更多的美味，请选择杯口稍微内收的香槟杯。

气泡，也就是专业品酒人士所说的"泡沫"(mousse)，对洗洁精尤其敏感，所以在享用前，请将您的香槟杯认真冲洗。

洗杯子

选一瓶相对便宜的起泡酒和两个杯子做个实验，其中一个杯子比另一个杯子更仔细地冲洗过，注意一下起泡酒在另一个杯子中的气泡少了多少。

雪莉酒：内行人的葡萄酒

雪莉酒 (Sherry) 有一点像上等的德国葡萄酒，专业人士都非常欣赏，但却被一般大众完全忽视，因此大多数雪莉酒的价钱都出奇地低。

雪莉酒是一种加烈葡萄酒 (fortified wine)，也就是指酒中加入了中性的葡萄白兰地烈酒，从而使其酒精度提高。和波特酒不一样的是，在雪莉酒中，烈酒通常是添加到完全发酵完的、干的葡萄酒中。

所有雪莉酒都产自西班牙南部安达卢西亚 (Andalusia) 地区的小镇赫雷斯·德拉·弗龙特拉 (Jerez de la Frontera) 附近，这也是雪莉酒名字的由来，因为雪莉酒也可以被称为赫雷斯 (Jerez)。主要的葡萄品种是帕拉米诺 (Palomino)，它是这里的特有品种。

雪莉酒 —— 特征指南

帕拉米诺葡萄能够自然酿成以下这些广泛类型，都是味道浓烈的干白。

菲诺(Fino)

颜色浅淡，口感较轻 (15.5度左右的酒精含量)，是出色的餐前酒和开胃酒，尤其当天气炎热的时候。

芒扎涅雅(Manzanilla)

实际上就是在赫雷斯西边的海边小镇圣路卡·德·巴拉米达 (Sanlúcar de Barrameda) 出产的菲诺，味道中应该会带有些咸味。

阿蒙提拉多(Amontillado)

一种经过陈年的菲诺，呈现出较深的茶褐色，在木桶中陈酿多年后会有层次丰富的香气，也会有坚果的味道，酒精含量一般在17.5度左右。阿蒙提拉多是绝妙的冬季开胃酒，也是汤类的出色配酒。

奥罗洛索(Oloroso)

相比阿蒙提拉多，味道会更丰富，口感更饱满，同时也有更多的坚果味。当赫雷斯人不在畅饮菲诺的时候，一瓶奥罗洛索将是他们最好的选择。奥罗洛索也是坚果和奶酪的美味配酒。

淡科塔多(Palo Cortado)

一种罕见的雪莉酒类型，介于阿蒙提拉多和奥罗洛索之间，十分有趣。

雪莉酒产区令人目眩的白色葡萄园，
同样是白垩土壤。

所有这些都是非常出色的葡萄酒，它们几乎都是用"爬格子"(solera) 系统酿造而成的，在这种工艺中，不同年份的雪莉酒会被定期地、少量地调配起来，所以有年份的雪莉酒是非常罕见的。不过，近年来雪莉的好名声却遭到玷污，因为有不少商业化的大品牌热衷于在非常一般的葡萄酒里加料，使其变甜，而且还美其名曰为阿蒙提拉多或者奥罗洛索；如果加了特别多的甜味剂，就叫做奶油雪莉 (Cream)；如果将奶油雪莉中的颜色过滤掉，那就变成了淡奶油雪莉 (Pale Cream)。打个比方，拿这些冒牌货跟货真价实的雪莉酒相比，就好比拿一瓶圣母之乳和一瓶顶级酒庄产的摩泽尔河雷司令相比，是不可同日而语的。

品尝差别

找一瓶或者半瓶 (即375ml，好的雪莉一般都是小瓶包装) 装的阿蒙提拉多或者奥罗洛索，酒标上会写有超干 (Very Dry)，或者 (Muy) Sec (西班牙语的超干) 的字样，再找一瓶质量低劣的雪莉酒来品尝比较一下。将两个杯子对着白色背景举到离身体远一些的地方，并且把杯子稍微倾斜，比较一下杯口的颜色。你会发现，真正的雪莉酒因为陈年而在杯口会微微地发出黄绿色，劣质的酒不会这样，而且尝上去会很甜，但是口感非常稀松浑浊，和那些真正的雪莉酒相比，你会觉得它毫无特点。

离赫雷斯不远的蒙缇拉-莫里雷斯 (Montilla-Moriles) 地区也出产和雪莉酒相似的葡萄酒，不过是用佩德罗·希梅内斯 (Pedro Ximénez) 品种酿制的。还有一些美味的甜雪莉酒，通常是将晒干的佩德罗·希梅内斯葡萄添加到非常陈年的干葡萄酒中酿制而成的。在本书第六章会有更多值得推荐的有关雪莉酒的介绍。

波特酒：最烈性的葡萄酒

波特酒 (Port) 是一种非常流行的加烈酒, 也是红葡萄酒中口感最甜的代表之一。真正的波特酒产自葡萄牙北部, 但这种风格却被广为效仿。

波特酒是将葡萄烈酒加入到正在发酵的甜葡萄汁中而酿成的。因为酵母在高度酒精的作用下无法工作, 发酵过程就会结束, 所以波特酒都很甜, 而且比较烈, 有20度左右的酒精含量。

白波特酒是用浅色的葡萄品种酿成的, 在葡萄牙北部崎岖的杜罗河谷 (Douro Valley) 通常被当作开胃酒。

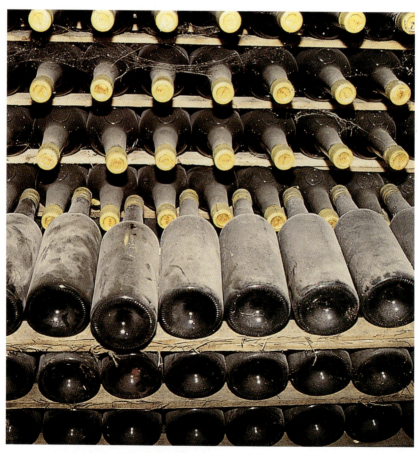

年份波特酒是最长寿的葡萄酒之一,
并且越来越被消费者所了解和接受。

波特酒的种类

大部分波特酒都是性烈、味道十分甜的红葡萄酒,并且有许多不同的种类。

红宝石 (Ruby) 波特酒

最年轻的一种"桶酿波特"(wood port),也就是那些在木桶中而不是在酒瓶中陈年的波特酒。这是一种简单活泼的年轻波特酒。

茶色 (Tawny) 波特酒

一种更柔顺、更细致的桶酿波特,在木桶中陈年许久,直到葡萄酒呈现出茶褐色调,在酒标上会标出10、20、30或者40年陈酿。那些非常廉价、批量生产的茶色波特酒只是将一些白波特酒和年轻的红宝石波特酒调配在一起而制成的。20年的茶色波特酒表现都很出色。

年份 (Vintage) 波特酒

相对少见、但却是最高档的一种波特酒,只有在最好的年份才会酿制,一般来说3年里只有一次。那些质量最佳的年轻波特酒会被精心地调配起来,并在丰收仅仅2年后就被装瓶。不过最好在陈年几十年后再享用,至少也要10年。与茶色波特酒不同的是,茶色波特酒是在木桶中陈年,装瓶前经过过滤,因此在酒瓶中不会产生沉淀物;而年份波特酒是在瓶中陈年,因此瓶中会产生许多沉淀物,所以享用前应该先将葡萄酒醒 (decant) 一下。

迟装瓶年份 (LBV, 或者Late Bottled Vintage) 波特酒

这个名称会有点误导,因为这种波特酒的质量比年份波特酒要低一些,或者低很多,它们通常在丰收后的4到6年间被调配并装瓶。那些最便宜的、也是最批量生产的酒通常都被过度地过滤,所以在瓶中不会有任何沉淀物,因此也不会变化出任何额外的美味。而在严格意义上来说,真正的迟装瓶年份波特酒就不会这样,这些酒质量会更好,但因为有沉淀物,喝前需要醒酒。

单一葡萄园年份 (Single Quinta Vintage) 波特酒

这种令人激动、物美价廉的波特酒通常都用来自一个葡萄园 (quinta) 的葡萄酿制,但也未必一定是这样。因为有些年份的葡萄不够好,所以不能申报为年份酒。它们风格独特,也有陈年一段时间的潜力 (不用像年份酒那么长),并且喝时需要醒酒。

优秀的酒厂

优秀的酒厂包括道 (Dow)、芳塞卡 (Fonseca)、格兰姆 (Graham)、尼耶波特 (Niepoort)、诺瓦 (Quinta do Noval) 和泰来 (Taylor)。

特征指南

比较一瓶普通的"品牌"迟装瓶年份（LBV）波特酒，比如说诺瓦（Noval）酒庄的，和一瓶认真酿制的、酒标上有生产年份的波特酒，我们会发现第二瓶酒的味道会更复杂，而且有更多的丹宁和沉淀物。

顶级的波特酒在年轻的时候都是酒性最烈、颜色最深、丹宁最强的葡萄酒。不过它会随着时间慢慢地成熟，然后奇迹般地变得柔滑无比、层次丰富，让人无法忘怀。

马德拉：被遗忘的珍品

马德拉酒(Madeira)是大西洋葡萄酒的精髓，它只产于葡萄牙马德拉岛陡峭的葡萄园梯田上。就像雪莉酒一样，它不应该被大家忽视，即使它的产量非常少。

马德拉酒酸度都非常高，很爽口，酒精度跟波特酒一样烈，但甜度却不尽相同。马德拉酒在瓶中从来不会沉淀，因为它总是在木桶里陈年。马德拉酒带有一种特殊的暖洋洋的盐水太妃糖的味道，因为它不仅是在旧木桶里陈年的加烈酒，而且在陈年过程中，木桶会被定期加热。这也意味着开了瓶的马德拉酒很难被氧化，就算开了几个月，依然会很美味。

马德拉酒的持久力

斟一杯马德拉酒（因为所有加烈酒的酒精度都很高，享用它们的酒杯都应该比一般葡萄酒的杯子要小一些，或者至少要少倒一点酒），再在同样形状大小的玻璃杯里斟一样多的随便哪一种葡萄酒。把它们放在一起，过几个小时或者几天再来检查一下。注意后面一种葡萄酒的衰败速度比马德拉酒要快多少倍？

不同风格的马德拉酒都是以酿制它的传统白葡萄品种命名的。从20世纪开始，马德拉岛上开始大面积地种植一种叫亭塔·内哥拉·缪泪（Tinta Negra Mole）的红葡萄品种，现在市面上大部分的马德拉酒都是用这个葡萄品种酿造的。

马德拉酒的种类

想要挑选经典的马德拉酒，请在酒标上寻找以下几个词：

色西奥尔 (Sercial)：口感最轻、最干，而且酸度最高的一种马德拉酒，因为这种酒中没有柔和的甜味，所以它需要最长的时间来陈年，最好是40或者50年。

维尔德利欧 (Verdelho)：这种香气浓烈的品种在澳大利亚能够酿制出非常有趣的白葡萄酒，也能够酿制出浓厚的、半干的马德拉。

布奥尔 (Bual)：醇厚的、有坚果味的半甜马德拉，这个岛上的奥罗洛索葡萄酒，与奶酪和干果一起享用时非常美味。

玛尔姆赛 (Malmsey)：马德拉中最甜的一种，用玛尔维西亚 (Malvasia) 葡萄品种家族中的一种酿成，与圣诞蛋糕和布丁是绝配。

世界各地其他烈性的甜葡萄酒

全世界很多国家都有酿制波特和雪莉风格的葡萄酒，主要包括南非、澳大利亚和塞浦路斯等。下面是一些比较有名的类型：

澳大利亚的麝香利口酒 (Liqueur Muscat) 和托卡伊利口酒 (Liqueur Tokay)：酿制方式和波特酒一样，但却像马德拉酒那样在炎热的酒窖中陈年；只是比波特酒和马德拉酒要甜很多，而且口感更浓腻，可以说是牙齿的噩梦。

天然甜葡萄酒 (Vins Doux Naturels)：法国有许多地区都出产这种葡萄酒，它们是用将中性的烈酒添加到发酵中或者新鲜的 (还未发酵) 葡萄汁中，使其酒精度增高并且保持糖分的方法酿制而成的。来自维尼斯－博美 (Beaumes de Venise)、弗龙蒂尼昂 (Frontignan)、吕内尔 (Lunel) 和密内瓦－圣让 (St Jean de Minervois) 产区那些颜色呈黄金色、酒精度很高、并且葡萄味很浓的麝香 (Muscat) 天然甜葡萄酒是法国南部的例子；鲁西荣 (Roussillon) 地区的里韦萨尔特 (Rivesaltes)、班尼于斯 (Banyuls) 和莫利 (Maury) 产区的天然甜葡萄酒都会被陈年许久，尝上去有点像波特酒；夏朗特－皮诺甜酒 (Pineau des Charentes) 和加斯科涅之花 (Floc de Gascogne) 分别是用种植在干邑 (Cognac) 和雅文邑 (Armagnac) 地区的葡萄酿成；香槟甜酒 (Ratafia) 通常来自香槟产区；渣酿甜加烈酒 (Macvin) 则是产自汝拉 (Jura)。

马拉伽 (Malaga)：产自阳光海岸 (Costa del Sol) 的甜麝香加烈酒，目前渐渐在恢复曾经的盛名。

马萨拉 (Marsala)：西西里对马德拉酒的回应，质量会明显参差不齐。

佩德罗·希梅内斯 (Pedro Ximénez, 或者PX)：来自雪莉酒产区附近的蒙缇拉－莫里雷斯 (Montilla Moriles)产区，用晒干的佩德罗·希梅内斯品种酿成，这不是一种加烈酒，而是一种颜色超深、味道超甜的糖浆。

第六章 美酒，美食，乐趣

绝　配

对一本书来说，葡萄酒和美食是个很让人为难的话题，因为所有那些相关的指南手册都可以在这样一个简短的章节里全部告诉你，但如果想真正了解这对绝配，你可能需要付出毕生的研究，包括去品尝无数并不可口的搭配。

如果你是一个纯粹主义者，你也许会在很多次失望后终于发现某个食品或者菜肴的最好配酒。举个例子，你也许会给一碗令人舒心的炖牛肉配上一瓶教皇新堡，因为它的味道也十分丰富并且令人舒心。如果炖肉里有胡萝卜，也许你会选一瓶以歌海娜为主要品种的葡萄酒，以此来和萝卜的甜味相呼应。如果炖肉中的土豆是新上市的，你也许会更倾向于选一瓶最近年份的教皇新堡，相反，老的烤土豆也许用成熟年份的酒更为合适。

懂我什么意思了吗？你可以让搭配液体和固体这个看似简单的事情变得非常复杂。总的来说，你几乎可以享受任何葡萄酒和美食的搭配。这个观点在现实生活中尤其正确，因为我们平时都是一边喝酒一边吃菜，除非是在饿坏了的时候，我们很少会用酒和菜同时一起将嘴巴塞满。通常我们会先享用摆在面前的美食，或者从盘子中选一些我们想吃的东西，然后在我们觉得渴了的时候，再去喝一些葡萄酒。只要我们刚吃下去的东西没有彻底摧毁我们的品尝感官，我们总是可以同时享用几乎所有的葡萄酒，无论它有什么样的味道。

在本书第二章中，我们讨论了一些会对品酒有不良影响的东西，也确实会有一些特别的食品，如果它们是菜肴的配料之一的话，会打扰你享受美酒的乐趣。当然，我不是说你永远也不能再吃巧克力或者薄荷汁了。只是最好不要在用一瓶美酒款待你的客人的时候，让他们同时品尝这些能够使人味觉混乱的食品。

第一口酒

下次你吃饭时若有美酒相伴，留意一下你是如何享受美食和葡萄酒的。你也许会发现你在吃任何东西前会先喝一口葡萄酒，而这也确实是品酒的最佳时刻，因此时你的味觉没受到任何打扰。在这以后你也许就会把葡萄酒当成菜肴的"润滑剂"，事实上对你来说也就像一杯水一样。

美食之间

试着记住吃下的食物对你所享用的葡萄酒在味道上有什么影响。比较一下你吃东西前喝那口酒的感觉，和你吃了一些菜以后立刻喝一口酒的味道。食物确实会影响到葡萄酒的味道，对吧？如果有些菜使葡萄酒的滋味变得不如以前，那就在喝酒前先喝一口水。

与葡萄酒"相克"的食物

酸

所有酸味很浓的菜肴都比较难以和美酒相配（虽然有时候这种菜能使自身酸度很高的葡萄酒尝上去更柔和一些）。葡萄酒界有一句古老的谚语，"苹果为敌，奶酪为友"，这充分说明了奶酪是葡萄酒的出色伴侣，因为它能够缓和口腔，为葡萄酒做好准备；而苹果中的酸度却有截然相反的作用，它会使你即将饮用的葡萄酒变得不那么可口。也有

软奶酪有着橡胶般的质感，因此与硬奶酪相比，它们更难与葡萄酒搭配。

一些酸似乎对葡萄酒会更柔和一些，一点柠檬汁不会摧毁一瓶葡萄酒；而非常刺鼻的醋不光对任何葡萄酒来说都不是什么好玩的事情，其实对任何人的味觉系统来说也都不妙。

洋蓟

球状洋蓟（artichoke）有种奇怪的味道，会使葡萄酒尝上去有股金属味。这是因为它含有一种叫做洋蓟酸的古怪成分，很轻易就能毁了一瓶好酒。而且它本身含水量就比较高，因此你可能并不需要任何"润滑剂"。

芦笋

基本上和洋蓟有一样的效果，不过某些长相思可以对付芦笋的味道。

蛋黄

柔软的蛋黄会覆盖并"束缚"住口腔，使你的味蕾变得无助和迟钝。在品酒前你可以吃一些面包来"清理"你的味觉。

巧克力

和蛋黄有非常相似的作用，同时也因为它在嘴中的质感。那些带有某种巧克力味道的奶油沫也许不会摧毁你的味觉，但一大块巧克力就肯定是品酒的天敌了。而且要注意，如果要给任何一款有甜味的菜肴配酒的话，葡萄酒至少要比菜更甜一些。对那些尤其喜欢巧克力甜点的人来说，就非常难配酒了，不过可以试一下佩德罗·希梅内斯 (Pedro Ximénez) 和澳大利亚麝香利口酒 (Liqueur Muscat)。

熏鱼

那些熏制的鲱鱼不仅油腻，而且很咸。我觉得正是这油腻的感觉使你不能好好享受葡萄酒，这多少有点和蛋黄与巧克力不能与美酒共存的原因一样。熏鱼以及其他一些非常油腻的食品，最好和果味浓、或者丹宁较多的葡萄酒一起享用。

薄荷

就像胡椒薄荷不是品酒的好帮手一样，薄荷味很浓的布丁和沙拉，或者特别是用薄荷和醋做的薄荷酱，这些东西对品尝好酒来说都是"帮倒忙"的食品。

香料

香料味很淡的菜肴对于酒体较重的葡萄酒，甚至有些甜的葡萄酒来说会是很优秀的伴侣。但如果是印度香料，或者是非常辣的辣椒的话，那就不得不承认，葡萄酒对付不了这些东西。你的味觉会一片混乱，对葡萄酒的酸度和甜味都不会有多少感觉。当然你还是可以闻酒的香气，但你的鼻腔也很有可能被这些强烈的香料味道所"霸占"了。

自己尝尝味道

酸味和葡萄酒

找一些你不是最喜欢的葡萄酒，最好是两种不同风格的，比如一瓶酒体较轻的白葡萄酒和一瓶丰满的红葡萄酒。现在先尝这些酒的味道，然后在喝掉以下这些有不同酸性的东西后，再次品尝一下那两种葡萄酒。

柠檬汁（柠檬酸）

醋（醋酸）

无味酸奶（乳酸）

仔细感觉每种酸对葡萄酒的味道有什么样的影响，记住在吃完每种东西后都要好好漱口。请注意，在喝完醋后葡萄酒尝上去是不是酸了许多，但在喝完酸奶和柠檬汁后酸味却不是那么明显？想想这是不是意味着下次在晚宴上，你需要为了葡萄酒来调整一下你的沙拉酱？注意酒体较轻的酒是否在味道上会受到更大的影响，而丰满味重的葡萄酒却不是很介意酸味的打扰？再试试苹果和奶酪，看看在吃完它们后，葡萄酒的味道有多大的变化，尤其是那些年轻的、在市场上最常见和畅销的葡萄酒。现在你理解"苹果为敌，奶酪为友"这句谚语的意思了吧？

洋蓟，芦笋，还有葡萄酒

下次当你吃洋蓟或者芦笋的时候，试着喝一些葡萄酒，看看葡萄酒和这两种蔬菜"相克"的理论是否正确。吃完这两样蔬菜再喝酒，你是不是发现嘴里有某种和葡萄酒很不相配的奇怪味道？甚至连水的味道在吃完洋蓟后尝上去也有些古怪，感觉有种金属味。

鸡蛋和葡萄酒

在所有这些使你不能专心享用葡萄酒的食物中，蛋黄可能是最温和的一个。尽管如此，当同时享受一杯红葡萄酒和一个刚出锅的煮鸡蛋的时候，你还是可以发现品酒将会是件很困难的事情。

巧克力和葡萄酒

在你吃了巧克力后还能正确地品酒吗？顺便说一句，这些与葡萄酒"相克"的食品大部分都不会影响你的嗅觉或者"闻香"的能力，你还是可以闻到葡萄酒中的香气，但你却失去了评估酒的能力，因为只有在口腔干净和敏锐的条件下，你才能正确地品尝到葡萄酒的糖分、酸度和丹宁等这些方面。

熏鱼和葡萄酒

熏鱼的绝配是茶，你自己可以以茶代酒试一下。

香料和葡萄酒

要给咖喱配酒的话,冰镇啤酒即美味又爽口,但如果你一定要喝葡萄酒,可以试一下来自阿尔萨斯或者奥地利的那种酒体饱满而且香料味十足的干白葡萄酒。侍酒的温度应该要相对清凉一点,而且酒体一定要相对较重,这样才能够抵抗住香料的味道。

薄荷和葡萄酒

餐后的薄荷糖是葡萄酒的绝对杀手。如果你还想多享用一些葡萄酒的话,千万不要吃薄荷糖,不过一杯非常浓厚的波特酒也许能够对抗薄荷和可可黄油 (cocoa butter) 的味道。

清理你的口腔

如果你在享用葡萄酒的同时也要品尝上面这些"麻烦"的食品,有一个很简单的解决方法:你可以在吃完食物后咀嚼一些像面包这样无味而且有吸收能力的东西,或者仅仅用白开水漱漱口,这样你就能够立刻清理你的口腔。你会发现,在一道口味很重的色拉或者洋蓟后吃一小块面包的话,它会很快将你的口腔清理干净,使你能够毫无障碍地享受美酒。

面包和葡萄酒

在享受上面"黑名单"中的食品后,试着用面包或者白开水清理你的口腔,看看是否对你随后的品酒有所帮助。不过咖喱和薄荷的香味实在是非常浓烈,它们也会影响到你的鼻腔,所以仅仅是面包和水也许还不够,你还需要一点点时间才能够重新恢复你的品酒能力。

雪莉酒和美食

在能够有效对付这些"麻烦"美食的葡萄酒中,雪莉酒就是其中之一,因为它酒体丰满,口味干净,糖分很低,而且有足够的力度配几乎所有的菜肴。雪莉酒中口感最干的是菲诺 (Fino) 和芒扎涅雅 (Manzanilla),它们的品质被大众所低估,因此也十分物美价廉。由于它们能够很好地增进你的食欲,所以也是出色的开胃酒,能够美妙地配合所有以色拉或者鸡蛋为主的头盘菜,还有许多辛辣的菜肴。用菲诺配巧克力不会很好吃,不如尝试一下牛奶。

一些关于雪莉酒的建议

几乎所有的葡萄酒商店都应该至少有一种菲诺或者芒扎涅雅。缇欧·培培(Tio Pepe)通常都很可口,拉·依娜(La Ina)、基塔芒扎涅雅(La Guita Manzanilla)和圣帕翠西欧(San Patricio)也都很不错。所有的菲诺和芒扎涅雅都应该在冷冻后享用,而且需要在装瓶后尽快地喝掉,在开瓶后也只能保持几天。所以半瓶装的雪莉酒就很有用。任何认真对待雪莉酒的餐厅显然对葡萄酒也很认真。

传统的雪莉酒杯 (copita)。

打破规矩

对美酒和美食这个话题我一向都是抱有极端的怀疑态度,我甚至不接受大部分人都认为是葡萄酒基本常识的规定:那就是白葡萄酒搭配鱼,红葡萄酒搭配肉。

我猜想之所以有这个规矩,原因就是大部分以鱼为主的菜肴都非常需要一些酸度,这样才能将鱼的美味带出来,比如柠檬汁、续随子 (caper),甚至醋,都是鱼肉的标准配料,而白葡萄酒的酸度通常都比红葡萄酒高。但事实上这却是个非常牵强的理由,有许多红葡萄酒也有较高的酸度,而且搭配鱼肉的时候也非常可口,尤其那些味道很重、肉也相对较结实的鱼类,比如金枪鱼、三文鱼、鲑鱼、鲱鱼、鲂鱼、海鲈鱼和滑菱鲆。

不少红葡萄酒中含有较高的丹宁,而丹宁确实很难与任何味道精细的菜肴搭配,在和鱼肉一起享用的时候,通常也会留下一种墨水般的味道。但下面表格中这些酒体较轻、丹宁含量少,而且酸度较高的红葡萄酒与鱼肉搭配起来不会有任何问题,尤其当菜肴的酱汁非常味重的时候。如果你想要一些清爽的口感的话,那这些葡萄酒的服侍温度都应该相对较低一些。

红葡萄酒搭配鱼

所有这些红葡萄酒搭配鱼类都没问题，特别是味道很浓、质感精到的鱼类。

几乎所有用"二氧化碳浸渍法"酿制的红葡萄酒都可以，因为它们丹宁含量较低，比如博若莱、许多隆河谷、酒体最轻的地区餐酒以及鲜美多汁的年轻赤霞珠。

大部分佳美。

几乎所有的黑品诺，除了最顶级的那些。

卢瓦尔河谷的红葡萄酒：布尔格伊 (Bourgueil)、圣尼古拉布尔格伊、希农(Chinon)、索谬尔－香皮尼 (Saumur-Champigny) 和安爵村 (Anjou-Villages)。

所有产自德国、阿尔萨斯和奥地利的红葡萄酒，除了最顶级的那些。

意大利蒂罗尔(Tyrol)地区南部上阿迪杰(Alto Adige，也称为南蒂罗尔)的红葡萄酒。

巴都利诺 (Bardolino)、瓦尔普利切拉 (Valpolicella)、大部分酒体轻的意大利赤霞珠和一些基昂第，没有在橡木桶中存放过的巴贝拉 (Barbera) 和杜切托 (Dolcetto)。

产自陈年能力不强年份的勃艮第红葡萄酒。

产自法国南部的大部分地区餐酒红葡萄酒、特里卡斯亭 (Coteaux du Tricastin)、旺图 (Côtes de Ventoux) 和律贝荣 (Côtes du Luberon)。

口感轻盈的"克拉利特" (clarete) 风格的年轻里奥哈 (Rioja)。克拉利特是一种介于酒体轻盈的红葡萄酒与桃红葡萄酒 (rosé) 之间的西班牙葡萄酒。

许多新西兰红葡萄酒。

白葡萄酒搭配肉

用任何酒体饱满的白葡萄酒来搭配许多以肉类为主的菜肴，你也可以得到同样的享受，尤其是霞多丽、灰品诺和赛美蓉。再强调一遍，酒体比颜色更重要。

温度与酒体

葡萄酒的服侍温度对它的味道和香气会有影响,而食品的温度也同样非常重要。

请记住,再明白不过的一个事实就是,如果你烫坏或者冻伤了你的嘴巴,那你将不可能品尝到任何味道。也许我的话听上去有点像一个多事的保姆,但在喝完一碗滚烫的热汤后,千万别想着去品酒。恐怕冰冷的果汁或冰糕也不是个好主意,因为它们会麻痹你的口腔内部。最好等你吃完冰糕或者冰激凌以后再试着品尝葡萄酒,或许可以配上一杯冰凉的、但不是最顶级的甜白葡萄酒,比如蒙巴济亚克(Monbazillac),它是苏玳的"乡下表弟"。

比温度更加重要的就是葡萄酒"体重"的问题,也就是一瓶葡萄酒有多么"饱满"(你可以通过从酒标上了解葡萄酒的酒精含量,或者在摇杯后观察葡萄酒在酒杯内壁留下的挂杯痕迹来判断酒体)。即使你可能会享受各种各样交织在一起的不同味道——也许对你来说,吃完水煮比目鱼后喝上一口年轻的波尔多红酒是很美味的搭配——但将不同"体重"的食物和葡萄酒搭配起来,通常对"体重"较轻的那一方来说就是一种浪费。一杯清淡的黄瓜奶油甜点的味道会完全被埃米塔吉或者巴罗洛这样强壮的葡萄酒所压过;同样,一杯细腻的摩泽尔河雷司令也抵抗不住炖小牛肘(osso buco)的浓厚。对那些口味较清淡的美食来说,最好搭配一瓶酒体并不丰满的葡萄酒;而对味道很浓的菜肴来说,一瓶酒体较轻的葡萄酒带给你的享受不会比一杯白开水好多少。酒体很轻或者很饱满的葡萄酒的例子可以在本书第一章中找到。口味

味道浓厚的甜点需要
搭配非常甜的葡萄酒。

较重和味道浓厚的美食则包括咖喱、砂锅菜 (casseroles)、野味和酱汁味道很重的肉类；还有奶酪，尤其是蓝纹奶酪；醇厚的鲜肉肉酱饼，鹅肝和鸭肝，陶罐肉派，以及熏鱼。

有了这些指南，你就应该可以想出一些美酒与美食的可口搭配。如果只是一顿便餐的话，那么你选择葡萄酒的可能性就会局限在已经打开的那瓶酒，在这种情况下，你也许可以学到一些各种各样有趣而且不同寻常的葡萄酒配菜的知识。

如果你为了一次正式的派对选了一些葡萄酒，或者仅仅是为了在非正式的情况下更好地享受葡萄酒，请一定记住侍酒的基本顺序。

- **先干后甜（糖度）**
- **先轻后重（酒体）**
- **先近后远（年份）**

如果你的聚会有4位或者更多位客人的话，那你很可能至少要开两瓶葡萄酒。同时享受两瓶不同但却又有关联的葡萄酒是一件非常有趣、而且又有教育意义的事情。当然这也意味着你需要多洗一些杯子，而且也许你的客人会觉得你很卖弄，但每个人在同时品尝两瓶葡萄酒的时候都会惊奇地发现它们的味道是多么地不同。

在给菜配酒的时候，你总是可以根据地理线索来选葡萄酒。如果是意大利面的话，可以试一下便宜的意大利红葡萄酒，或者一瓶质量不错的基昂第。红香肠 (saucisson) 会让人想起博若莱。一块多汁的牛排是让你开一瓶美味的阿根廷红葡萄酒的借口，而菲塔 (fata) 奶酪色拉或者烤肉串则给你一个机会介绍一些不错的希腊葡萄酒给你的朋友。这些葡萄酒都不会很贵。如果你有个特殊的日子要庆祝一下，比如升职（尤其是款待你的上司的时候），需要在一顿特别的晚餐上多花一些钱的话，请不要随便开一瓶还没有准备好被享用的葡萄酒。要相信你附近最负责的葡萄酒商的建议。你可以从他们回答你的问题的长短看出他们是否会认真对待葡萄酒，他们应该会很高兴地为你推荐一些葡萄酒，是比那些最便宜的小瓶装苏格兰威士忌都更有趣的东西。

这里是一些你可能没有想到的搭配

有些可能不符合常规，但都是久经考验的美酒与美食的搭配。

果味浓厚的德国白葡萄酒配杂肉拼盘（charcuterie）

用相当甜和酒体轻的白葡萄酒来配像萨拉米（salami）香肠和火腿这样味道很重的食品听上去可能有些奇怪，但酒在这里的作用和熟西瓜对帕尔玛火腿（Parma ham）、菠萝对腌猪腿，或者甜辣酱对烤火腿的效果一样。这个搭配的原则就是甜味和咸味能够相互配合得很好。

马德拉酒配清汤（consommé）

如果一杯口味较干的马德拉酒，比如色西奥尔（Sercial）或者维尔德利欧（Verdelho），和一碗以肉或者鱼为底料的清汤一起享用的话，你会尝到很美妙的"坚果味"，稍微味浓一些的汤也没问题。

烟熏三文鱼配阿尔萨斯雷司令或者琼瑶浆

所有烟熏过的美食味道都很重，所以也需要强有力的葡萄酒。雷司令或许更优雅一点。

鸭肝（foie gras）配甜酒

听上去有些倒胃口，对吧？事实上，任何以肝为主料的味浓菜肴和一杯丰富的、酸度很高的甜酒都是绝配。不过必须是酒体相对较重的葡萄酒，所以大部分的德国葡萄酒就不适合，但产自卢瓦尔河谷的就非常适合。

烘烤火鸡加节日配料与黑品诺

如果烘烤火鸡和其他肉类有什么区别的话，那就是它的味道较为清淡，但那些配料通常都比较甜，所以会使以赤霞珠为主的葡萄酒尝上去有点苦涩。在我看来，解决方案就是配上一款果味香浓的葡萄酒，这样才能和菜肴的甜味互补。仙芬黛是感恩节晚餐的传统配酒，而且也是个不错的选择，但很多仙芬黛的酒精度都非常高，使人不能过多地享用它们。我觉得更清淡一点的黑品诺或许是更为完美的搭档。一瓶出色的、不是那么野心勃勃的黑品诺，或者一瓶勃艮第红葡萄酒，尝上去都可以是非常欢庆和迷人的，果味香浓，回味也稍微有些甜味。

牛排或者烤肉配年轻而多丹宁的葡萄酒或者复杂的陈年酒

以年轻的葡萄酒而言，牛排的嚼头能够中和葡萄酒的丹宁，使酒尝上去更加柔和。如果是非常复杂的陈年葡萄酒，那最好是配上一款味道较为中性的美食，不要用太多搅乱味道的配料，当然绝对不要有薄荷酱汁！

蓝纹奶酪（blue cheese）配苏玳（Sauternes）

又是一对听上去很奇怪、但却十分美味的搭配，同样也是甜味和咸味相辅相成的原理。奶酪和葡萄酒一向被认作是一对绝配，因此甚至有些社交集会也以它们命名。在给法国奶酪配酒的时候，我们自然而然地会想到法国葡萄酒。但下次你在家里享受一块成熟的卡芒贝尔（Camembert）或者布锐（Brie）奶酪的时候，试着同时喝一口葡萄酒，看看奶酪的氨水味和葡萄酒的味道是多么地格格不入，而且还会有非常苦的口感。当然这种情况不会发生在柔软油腻的年轻法国奶酪上，对硬得多的奶酪也不会有这样的效果，比如像切德（Cheddar）似的坎塔尔（Cantal），但对许多其他味道强烈的法国奶酪确实是这样，更不要说像戈贡佐拉（Gorgonzola）这样的意大利奶酪了。硬奶酪有时也是葡萄酒的完美搭档，对白葡萄酒和红葡萄酒都是如此。除了那些最细致的葡萄酒，优质的农场切德奶酪无疑是美酒最不可思议的搭档之一，它质感结实，对葡萄酒的味道不会有太多影响，而且仍然可以表现出自己的特点。给斯缇尔顿（Stilton）配酒有一点点难度，它味道极其强烈，而且非常咸，所以像罗克福特（Roquefort）一样，它需要非常甜、而且较烈的葡萄酒。配上波特酒最有道理，但请不要说我总想打破传统，这种情况下波特酒其实也只是刚刚合适而已。

巧克力配澳大利亚麝香利口酒或者红宝石波特酒

在那些对葡萄酒痴迷的家庭里，甜点通常都是在奶酪后享用，因为奶酪像主菜一样，能够和口感干的葡萄酒一起享用，而任何甜的食品都需要配比它本身更甜的葡萄酒。而没有多少甜点会比以巧克力为主料的更甜了，因此你确实需要一款糖分非常高的葡萄酒。再加上优质巧克力的味道非常浓厚，这款葡萄酒也需要有很高的酒精度。一瓶口味简单、果味丰富的年轻波特酒是个不错的选择，而产自澳大利亚维多利亚州东北部的更加甜蜜的茶褐色麝香利口酒则是更好的搭配。

总之，请记住，不要去理会某些人的"规定"，从美食学的角度来说，永远没有绝对的规则或者主宰。没有人能够指着你喊道："你用马孔（Mâcon）白酒配汉堡，这是天大的罪过呀！"如果他们不喜欢，那只是他们自己的错，但我想你的客人们都应该会为你精心款待的美食与美酒而感激你，而不只是一味地挑剔。

附录：一些有用的品酒词汇

我不想说这是个有关品酒的绝对的词汇表，因为这样的词汇表并不存在；这只不过是一些能帮助你形容葡萄酒的术语。其中大部分是被葡萄酒界广为接受的；而另外一些，说实话，都是我个人的线索词，它们都用*注明。比如"黑醋栗"是用来形容赤霞珠香气的常用词语，但我还从来没听任何人用"黏性的"来形容卢瓦尔河谷成熟的白诗南。以下列出的词汇表覆盖了很大的范围，希望某些特定的香气能使你联想起某些特定的葡萄品种，但还是请试着发展出你个人的品酒词汇。这里也介绍了一些最难以理解的行话，这样在专业的葡萄酒讨论中，你就不会不知所措了。

醋酸的 (acetic)：与空气接触过久的葡萄酒，已经开始变成醋味了。

酸的 (acid)：用于形容葡萄酒酸度过高的词汇。

酸度 (acidity)：葡萄酒中至关重要的部分，赋予葡萄酒生机和活力。

收结 (aftertaste)：在葡萄酒被喝下或者吐出后留下的香气，和余味 (finish) 是同义词。

产区 (appellation)：葡萄生长的特定区域的名称，通常用于法国葡萄酒。法定产区管制系统(AOC)是指法国的优质葡萄酒，目前超过法国葡萄酒总产量的50%，通常都是以葡萄酒出产的地区命名。

苹果味 (appley)：一些年轻的霞多丽的香气，不过未熟的苹果味是过多苹果酸的特征。

果香 (aroma)：葡萄酒中直接从葡萄得到的香气，参见酒香 (bouquet)。

芬芳的 (aromatic)：用于形容芳香味很浓烈的葡萄品种，比如长相思和雷司令。

涩口的 (astringent)：过量丹宁在口腔内部造成的感觉，也可以用于一些白葡萄酒。

稀薄的 (attenuated)：用于形容因为陈年而失去果味和魅力的葡萄酒。

烘烤味 (baked)：热度的气味，通常表示酒精含量过高。香气有可能会有一种被烧熟的感觉，但也不一定全是这样。

平衡 (balance)：葡萄酒中不同成分之间至关重要的总体关系，尤其是甜味、酸度、果味、丹宁和酒精。所有陈年的优质葡萄酒都应该有很好的平衡，不过顶级的年轻葡萄酒也许不会很平衡，因为在这个阶段红葡萄酒的丹宁含量和白葡萄酒的酸度都会过高。

健壮的 (beefy) *：酒体尤其饱满，并且丹宁含量也很高。

浆果 (berry) *：加热的浆果，几乎到果酱的程度，这是仙芬黛的香气特征。

黑醋栗 (blackcurrant，或者cassis)：赤霞珠的香气，它的亲戚长相思会有黑醋栗叶子的气味。

盲品 (blind tasting)：在不知葡萄酒身份的情况下试着鉴别或评估它，其实是将酒瓶掩盖，而不是将人蒙上眼睛。

蓬松的 (blowsy)：形容一瓶葡萄酒在刚开始时有许多香气，尤其在闻上去的时候，但持久力和其他特征（丹宁和酸度）却不足以使其有陈年潜力，几乎有太多的果味。

酒体 (body)：葡萄酒在口腔中重量的测量，主要是以其酒精含量决定，但也包括它的干浸出物。葡萄酒的酒体越重，尝上去就越不像水。

煮过的甜菜根 (boiled beetroot)：有些人在黑品诺中闻到的香气。

葡萄胞菌 (botrytis cinerea)：一种侵蚀葡萄、使其干瘪、并起到浓缩作用的菌病，葡萄胞菌能使白葡萄品种酿制出美味、有时甚至是奇妙的甜酒。如果红葡萄品种被这种菌病所侵袭，其所酿出的葡萄酒就会失去颜色，并且品质低劣。葡萄胞菌也叫做贵腐 (noble rot)。

瓶中陈年 (bottle age)：在瓶中陈放多年后，葡萄酒变得更加柔和的效应。

酒香 (bouquet)：从发酵和瓶中陈年得到香气，其中后者更为重要，参见果香。

呼吸 (breathe)：在侍酒前，将酒瓶打开并陈放一会，这时葡萄酒就是在"呼吸"。这个步骤至少让葡萄酒有时间将某些难闻的气味消散掉，不过葡萄酒只能在瓶颈间与空气接触，面积非常小，因此也不会有明显的效果。如果葡萄酒因为太年轻而十分紧凑，需要茫一下的话，那醒酒器是最好的选择。

异性酵母 (brettanomyces, 或者brett)：在不够清洁的木桶中生存的细菌，能够将肮脏难闻的气味传染给葡萄酒。许多美国品酒家对这种错误气味尤其敏感，不过一些美国酿酒师会将它和法国顶级葡萄酒联系在一起，甚至特意让他们的葡萄酒有一点点异性酵母的香气。

烧焦的橡胶 (burnt rubber) *：我个人在席拉品种中找到的香气。

黄油味 (buttery)：陈年霞多丽那种丰富感，包括它的颜色，是传统上默尔索 (Meursault) 产区的特征。

二氧化碳浸渍法 (carbonic maceration)：酿制红葡萄酒的一种工艺，将未压碎的葡萄发酵，往往酿出香气丰满、颜色丰富而且丹宁含量低的葡萄酒。

纸板味 (cardboard) *：我在那些经过粗劣处理的葡萄酒中常闻到的不新鲜物质的气味，通常都是过度使用的过滤纸板。

猫尿 (cat's pee)：长相思的香气，果香强烈的施埃博 (Scheurebe) 品种中也会有这种香气。

雪松木味 (cedarwood)：波尔多红葡萄酒中的传统香气，来自小心谨慎的木桶陈年，是圣于连 (St Julien) 产区的特征。

夏普提尔化 (chaptalization)：在葡萄果汁中加糖的常见工艺，目的不是使最终的葡萄酒更甜，而是使其有更高的酒精含量，这个工艺在法国尤其常见。

酒堡 (château)：法语中"城堡"的意思，但是很多二流的葡萄酒厂家也常常会在名字中加上这个词，尤其在波尔多产区。

咀嚼感 (chewy)：用来形容十分明显的丹宁。

巧克力味 (chocolatey) *：我常常在产自澳大利亚和南非稍带甜味的红葡萄酒中找到这种香气。

雪茄盒 (cigar box)：雪松木味同义词。

列级庄园 (classed growth)：1855年分级中上榜的60家酒庄之一，这些来自梅多克和格拉夫的酒庄被分成了五级。随后波尔多其他产区分级中的酒庄也被称为列级庄园 (Cru Classé)。

干净 (clean)：没有错误或难闻气味。

品种克隆 (clone，也称为无性系)：从一个品种的葡萄藤发展出来的一组特定的葡萄藤，"克隆选择"是在这些克隆中选择具有某个特征的克隆，比如产量高，病菌抵抗力强，或者葡萄果实质量上乘。

封闭的 (closed)：没有太多的香气，也许是因为还在陈年过程中，与"沉默的"(dumb) 一词意思相似。

腻味 (cloying)：过甜，酸度不够。

粗糙的 (coarse)：普通并且粗劣的葡萄酒，没有什么趣味。

村 (commune)：法语词，乡村或者区的意思。许多葡萄酒以出产它的乡村名字命名。比如一瓶热伏瑞-香贝坛(Gevrey-Chambertin) 是村级葡萄酒，和一瓶酒标上写有特定葡萄园的酒不一样。

复杂 (complex)：许多不同的香气很好地结合在一起，使葡萄酒非常令人感兴趣，甚至让人着迷。

浓厚 (concentrated)：许多果味和香气，有时也包括颜色。

木塞味 (corked/corky)：令人恶心的发霉或者腐烂的气味，是2,4,6——三氯苯甲醚 (TCA) 引起的错误气味，通常是因为被污染的木塞，但也不总是这样。如果你在餐厅就餐时，在选购的葡萄酒中闻到了这种气味，你应该可以要求换一瓶酒，而下一瓶葡萄酒同样有木塞味的几率就会非常小。

清爽的 (crisp)：形容白葡萄酒有许多爽口酸度的褒义词。

酒庄 (cru，有时也指葡萄园)：cru classé 为列级庄园，grand cru为特级葡萄园。

浸皮过程 (cuvaison)：在发酵完成后，葡萄酒与果皮的额外接触，目的是从果皮中提取更多的香气和精华物等。

潮湿的稻草味 (damp straw) *：我个人用来形容白诗南的词汇，不过其他人更喜欢用蜂蜜味和花香味。

精细的 (delicate)：形容酒体较轻、香气不是非常强烈但平衡度上佳的葡萄酒，属于较为臆想的形容词。

干枯的 (dried out)：年老葡萄酒中那些最初的果味已经消失，使其在香气上有所不足，并且有时会有过高的酸度。

沉默的 (dumb)：闻不到太多香气，通常用于年轻而优质的葡萄酒。

桉树味 (eucalyptus)：咳嗽药水般的气味，在产自加利福尼亚和澳大利亚那些浓厚的赤霞珠中常常出现。

干浸出物 (extract, 也称为精华物)：葡萄酒非常重要的一个部分，酒中固体物质的总和，包括丹宁、色素、糖分、矿物质和甘油。

农场味 (farmyard)＊：我个人总在基昂第中闻到的香气，尤其是陈年过的基昂第，在陈年的圣艾美侬和乡土味较浓的教皇新堡中也有这种气味。

发酵 (fermentation)：将葡萄果汁变为葡萄酒时必不可少的步骤，叫做酒精发酵或者初级发酵。二级发酵是将粗糙的苹果酸 (malic acid) 转为更柔顺的乳酸 (lactic acid)，远离赤道的产区常常会用这道工序。

无花果 (fig)：很多人在赛美蓉中找到的另一种香气。

余味 (finish, 也称为回味或收结)：品酒过程末期葡萄酒留给你的印象，是葡萄酒在你感官上的重要组成部分。回味贫乏的葡萄酒没有持久力，不会留下任何余味。

结实 (firm)：不松弛，也就是说有足够的酸度，不会因为陈年或者醋酸的危险而失去结构。

松弛 (flabby)：酸度过低。

乏味 (flat)：枯燥无聊的气味，酸度常也会过低；或者在应该有气泡时而没有的情况。

香气 (flavor)：从效果上讲就是指最狭义的香味，尽管有些人会用香气来表达一瓶酒对感官的整个影响。

火石味 (flinty)：模糊但却很常用的词汇，通常指葡萄酒十分清爽，并且有一些矿物质 (mineral) 的感觉，长相思常常会有"火石味"。

花香味 (flowery)：如鲜花一般芬芳，花的香气。

早熟的 (forward)：这个词用于形容那些尝上去比自身年龄更成熟的葡萄酒。

新鲜 (fresh)：因为年轻和酸度高而吸引人的葡萄酒。

果味 (fruit)：葡萄酒中非常重要的部分，尤其是年轻的葡萄酒，它来自葡萄本身的香气。

水果蛋糕 (fruitcake)＊：美乐品种给我的印象，尤其是那些来自圣艾美侬产区的葡萄酒。

果味十足 (fruity)：有许多诱人果味的葡萄酒，有时是非常甜的水果。

酒体丰满 (full-bodied)：重量十足的葡萄酒，与酒体中等或者轻盈的葡萄酒形成对比。

野味 (gamey)：闻上去有强烈的动物气味的葡萄酒，比如香气浓厚的席拉、慕尔韦度和美乐，尤其是来自波美侯产区的美乐。

天竺葵 (geranium)：难闻的化学气味，通常因为葡萄酒中加入了过多的山梨酸 (sorbic acid) 所致。

甘油 (glycerol)：无色、带有甜味的物质，能使酒体感觉更加饱满。

糖浆 (golden syrup) *：我用来形容浓厚的甜白葡萄酒气味的词汇，尤其是那些被贵腐感染的酒，特别是雷司令。

醋栗 (gooseberry)：长相思中某种"青绿"的气味，尤其是新西兰的长相思。

葡萄味 (grapey)：有葡萄香气的葡萄酒，通常都是麝香品种。

青草味 (grassy)：和草本味差不多，不过更多用在白葡萄酒上。

青绿的 (green)：有太多酸度的年轻葡萄酒。

番石榴 (guava)：低温发酵的南非白诗南的香气。

黏性的 (gummy) *：非常成熟的白诗南葡萄酒带给我的富饶感。

枪火味 (gunshot) *：成熟并且味道丰富的美乐的香气，尤其是来自波美侯产区的，没有野味那么夸张。

僵硬的 (hard)：含过多丹宁的葡萄酒。

和谐的 (harmonious)：完美的平衡。

过重的 (heavy)：酒精含量过高，酸度过低。

草本味 (herbaceous)：青草和叶子的气味，通常在品丽珠和不够成熟的赤霞珠中出现。

草本香料 (herby) *：百里香、薰衣草和松树的香气，有时在产自普罗旺斯和米迪 (Midi) 地区的歌海娜葡萄酒中出现，不过也可能只是我们的想象而已。

霍克 (hock)：产自莱茵河岸的德国葡萄酒，这些产区的葡萄酒都用较高的褐色酒瓶装瓶，和摩泽尔河产区的绿色酒瓶不同。

空洞的 (hollow)：有过多酒精，但果味却不足的葡萄酒，因此没有令人满意的香气，在口腔中的酒体也同样令人失望。

蜂蜜味和花香 (honey and flowers)：卢瓦尔河谷白诗南的传统香气，一些德国的雷司令也有这种特征。

横向品酒 (horizontal tasting)：同一年份、但不同葡萄酒的对比品尝。

热 (hot)：酒精含量过高、过于明显。

墨水味 (inky)：尝上去有金属味的红葡萄酒，通常酸度很高，并且酒体非常轻薄。

多汁果味 (juicy fruit) *：美味诱人的果味，博若莱的特征。

羊毛脂 (lanolin)：优质苏玳中那种富裕、几乎是柠檬味的香气和质感。

轻薄 (lean)：果味不够，但酸度过高。

挂杯 (legs)：有时也叫做葡萄酒的眼泪，是酒精含量相对较高 (超过12度的) 葡萄酒经过摇杯后在酒杯内壁留下的无色液体痕迹，挂杯常常被错误地认为是因为甘油的存在。

香气的持久力 (length of flavor)：葡萄酒品质的标准之一，所有精心酿制的出色葡萄酒在咽下或者吐出后都应该留下持久的余味，也就是说，"收尾很漂亮"。

甘草 (licorice)：一些人在陈年内比欧露中闻到的香气，也有人觉得是勃艮第红葡萄酒中的气味。

轻飘的 (lifted)：形容那些挥发性明显、但又不过度的葡萄酒。

轻盈的 (light)：酒体丰满的反义词，对本来就应该精细的葡萄酒来说不是贬义词，比如许多干白葡萄酒和一些应该在年轻时就被享用的红葡萄酒。

有生机的 (lively)：一瓶充满果味和香气的葡萄酒，通常酒中会有一点点二氧化碳的气泡，这是酿酒师为了使葡萄酒富有生气而特意留在葡萄酒中的。

长 (long)：用于形容持久力或者收结出色的葡萄酒。

马德拉化 (maderized)：有时代替"氧化的"用在白葡萄酒上，尤其当没有任何贬义的时候，比如像马德拉这样的加烈酒，或者一瓶非常陈年的葡萄酒，尽管稍微有点氧化，但却仍然十分吸引人。

成熟 (maturity)：葡萄酒经过青年时期、但还没有开始走下坡路的发展阶段。不同葡萄酒的成熟时期都有所不同，可能是在3岁的时候，也有可能是30岁。"成熟"对葡萄酒来说是褒义词，与"年老"或者"衰退"不同，这些属于贬义词。

粗壮的 (meaty)：酒体饱满并且香气浓厚，通常用于形容丹宁开始展现果味的葡萄酒。

甘美的 (mellow)：有时被红酒商人用来形容甜味的委婉形容词。

硫醇 (mercaptan)：由硫化氢组成的物质，有臭鸡蛋的气味。属于葡萄酒中的失误，澳大利亚人对其尤为敏感。

中段 (middle palate)：用于形容葡萄酒在口腔中的最初印象和余味之间所留给我们的感觉的行话，比如"在中段没什么果味"。

矿物质 (minerally) *：各种矿物质的气味，优质赤霞珠和雷司令中常见的特征。

薄荷味 (minty)：很多品酒者在加利福尼亚赤霞珠中闻到这种绿薄荷的香气，尤其是那些产自纳帕山谷 (Napa Valley) 的，注意它与胡椒薄荷不同。

摩泽尔 (Mosel)：装在较高的绿色酒瓶中的德国葡萄酒，产自摩泽尔河谷，法语为Moselle。

鼠臭味 (mousey)：与异性酵母有关的恶心气味，一种细菌学上的失误。

口感 (mouthfeel)：美国的品酒词汇，形容葡萄酒在口腔中的感官印象，也包括酒的质感，与丹宁和酒体有直接关联。

桑椹 (mulberry) *：让我联想起席拉的香气和颜色。

果汁 (must)：发酵成葡萄酒的葡萄汁。

高贵的 (noble)：用于形容那些最受尊敬的葡萄品种的形容词，这些品种都能够酿出经过陈年而变得极其华丽的葡萄酒。赤霞珠、美乐、黑品诺、席拉、内比欧露、霞多丽、雷司令和赛美蓉，都是无可争议的高贵品种，但这本书中提及的所有葡萄品种或多或少都有贵族的资格，除了特莱比安诺 (Trebbiano) 和鸽笼白之外，不过也有一些葡萄酒给大家证明了甚至这两个品种也都有贵族血统。

贵腐 (noble rot)：见葡萄孢菌。

香 (名词)／闻香 (动词) (nose)：葡萄酒的香指的是它的果香或者酒香，由葡萄酒的陈年阶段所决定。这个词其实就是指你能够闻到的香气。闻香是指你有意识地闻葡萄酒这个动作。

橡木味 (oaky)：闻上去和尝上去都有橡木味的葡萄酒，至于是好事还是坏事，那就要看你是否喜欢橡木味了，参见木头味 (woody)。

氧化的 (oxidized)：与空气接触过久的葡萄酒，因此变得乏味和不新鲜。

桃子味 (peachy) *：我在维欧尼中闻到的香气。

梨形糖果 (pear drop)：更确切地说是让你联想到丙酮或者指甲油的化学气味，有时在年轻的博若莱中能够闻到。

铅笔屑 (pencil shavings) *：铅笔的木头味，而不是铅芯味，我在品丽珠中闻到的香气。

香水般的 (perfumed)：有许多明显香气的葡萄酒，通常都有点麝香的气味，大多用于白葡萄酒。

半起泡酒 (petillant，或者sparkling，spritz(ig))：用于形容稍微有点起泡的葡萄酒。

小酒堡 (petit château)：那些没有被正式分级过的波尔多酒庄，也就是不属于列级庄园的酒庄。

汽油味 (petrol)：陈年雷司令的香气，尤其是产自德国的。

李子味 (plummy)：有丰富的果味，在陈年美乐中尤为明显。

强劲的 (powerful)：许多非常容易觉察到的香气，加上高酒精含量。

发酸的 (pricked)：与醋酸的意思一样。

活泼的 (racy)：形容酒很有生气，通常用于白葡萄酒，尤其是雷司令。

覆盆子 (raspberry，也叫悬钩子)：黑品诺的香气特征，有些人觉得仙芬黛也有覆盆子的气味。

残糖 (residual sugar)：在发酵结束后，

留在葡萄酒中的糖分。

丰富 (rich)：甘美、并且酒体丰满，但不一定要非常甜。一瓶味道丰富的葡萄酒尝上去可能会有点甜（这不是个经常用在红葡萄酒上的词），但这也许是因为它的酒精含量较高。

臭鸡蛋 (rotten egg)：硫醇或者硫化氢的气味。

圆润的 (round)：酒体适中，丹宁不多。

短 (short)：香气没有持久力的葡萄酒。

烟熏味 (smoky)：很多阿尔萨斯白葡萄酒和霞多丽品种的特征，一种感觉十分宽广的香气。

柔顺的 (soft)：丹宁含量很低的葡萄酒，因此只能用来形容红葡萄酒。

汤水般的 (soupy)：没有特别香气的葡萄酒，通常酸度较低，而酒体十分饱满。

起泡酒 (sparkling)：在欧洲，所有能冒泡的葡萄酒，只要不是产自香槟地区的，都叫起泡酒，因为香槟产区的律师们把"香槟"这个词保护得很好。

香料味 (spicy)：琼瑶浆有种新奇的花香般或者荔枝般的"香料味"，而一些红葡萄品种，尤其是美乐，有种水果般的香料味。

钢铁味 (steely)：用于像长相思和产自较冷产区的霞多丽的形容词，概念比较模糊，一般指它们都有很高的酸度和非常纯的香气。

静酒 (still)：非起泡酒的葡萄酒。

硫 (sulfury)：含有过量二氧化硫的葡萄酒，这是酿酒师都会用到的杀菌剂，有种像刚点燃的火柴或者使用固态燃料火炉的气味。用转动酒杯、将酒在杯中打漩的方式能够将这个错误气味消散。

柔顺 (supple)：形容那些丹宁含量低而果味十足的葡萄酒，通常用于相当年轻、并且不会让你想到有这种品质的红葡萄酒，比如赤霞珠。

甜味 (sweet)：不需要介绍的术语，但很少用于红葡萄酒。

丹宁 (tannin)：来自葡萄皮、葡萄干茎和葡萄仁的防腐剂，尝上去像炖久的凉茶叶的味道。

柏油 (tar)：有人说是内比欧露的香气，也有人说是席拉的香气。不过这两个品种都有暗示出各自身份的颜色。

辛酸 (tart)：有太多年轻酸度的葡萄酒，和青绿一样是葡萄酒的贬义词。

淡薄 (thin)：缺乏酒体的葡萄酒，几乎达到像水一般稀薄的程度。

烟草叶子 (tobacco leaf) *：添普兰尼洛给对我的印象，与雪茄和雪茄盒不同。

线索词 (trigger word) *：让你联想到某种葡萄酒在你脑海中印象的香气。比如对我来说"烟草味"是添普兰尼洛的特征，因此我会依靠这个香气来识别添普兰尼洛。线索词对盲品极有帮助，也能够用于评估某款葡萄酒是否包含应有的典型特征。

松露 (truffle)：这种难以形容的香气能在皮埃蒙特的内比欧露葡萄酒中找到，白松露也是这个地区的特产。

香草味 (vanilla)：美国橡木中浓烈的香气，几乎所有的里奥哈红葡萄酒和许多加利福尼亚红葡萄酒都在美国橡木桶中陈年。

气体 (vapor) *：葡萄酒散发出的挥发物，将酒的香气传送到嗅觉神经上，最终到达大脑。

单一品种葡萄酒 (varietal)：以葡萄酒中最主要品种命名的品种葡萄酒 (varietal wine)，这是一个美国式的词汇。这与以地区、也就是以风格命名的葡萄酒形成对立。英国、北美和澳大利亚都曾经出产勃艮第、波尔多红酒，甚至苏玳的葡萄酒，它们都是以这些地区的风格而酿制的，虽然大部分都是东施效颦。

植被味 (vegetal)：有各种植物气味的葡萄酒，和草本味的灌木味有区别，而更像植物园地的气味，黑品诺常常有这种香气。

天鹅绒般的 (velvety)：葡萄酒质感的形容词，通常用于甘油含量高而丹宁含量低的葡萄酒。

垂直品尝 (vertical tasting)：同一款葡萄酒不同年份的对比品尝。

醋味 (vinegary)：醋酸的气味。

年份 (vintage)：是指丰收，或者丰收那一年。

紫罗兰 (violet)：有些人认为是内比欧露的香气，有些人觉得是黑品诺的。

欧亚种葡萄 (vitis vinifera)：来自欧洲的葡萄科种，尤其适用于酿制葡萄酒，与大部分其他的葡萄科种 (许多都是来自美洲大陆) 有很大区别。

挥发性的 (volatile)：挥发性强的物质很容易汽化，并且散发出很多挥发物，正是这些挥发物组成了葡萄酒的气味，它们传达到嗅觉神经上，使我们闻到葡萄酒的香气。所有的葡萄酒或多或少都是具有一定的挥发性。它们的温度越高，用于酿制它们的葡萄品种果香越浓，那么葡萄酒的挥发性就越强。当葡萄酒被描述为挥发性的时候，实际上说明它的挥发性过于强烈，也就是它过于容易散发出香气，以至于都开始变成醋酸了。

杂草味 (weedy) *：草本味和辛酸的组合效果。

酒体 (weight)：所有的葡萄酒都有重量，就和人一样。

木头味 (woody)：橡木难以令人接受的一面，一种恶心的潮湿和发霉的气味，来自储藏环境低劣的木桶，不过也可能是因为其他原因。

酵母味 (yeasty)：发酵中酵母的气味。

产量 (yield, 法语为rendement)：每公顷或者每英亩葡萄园酿出葡萄酒的总量，法国用每公顷多少百升为单位，每公顷30百升说明产量很低，100百升说明产量很高。

译后记

　　"Eating and drinking is life all about"，2006年12月3日，我在Jancis的讲座上听到她说的这句话。对很多人来说，这可能并不是个很远大的理想，但却深深打动了我。也许就是从那一刻起，我决定要将Jancis的《品酒》翻译成中文，把它介绍给国内无数葡萄酒爱好者和在葡萄酒行业工作的同行。

　　《品酒》一书是我在2005年开始学习葡萄种植和酿酒专业第一学期的一门基础品酒课教材。毫无疑问，在我学习品酒的初期阶段，这本书让我受益匪浅，不仅为我打下很好的专业基础，也为我今后的葡萄酒学习和工作带来很大帮助，包括考取的一些证书和奖项。我觉得学习一门专业并有长足进步，艺术也好，技能也好，葡萄酒也好，基础至关重要。这也是我将《品酒》一书翻译成中文，并由衷向大家推荐的原因。

　　国外关于葡萄酒的书籍不计其数，内容深浅有别，写作风格各异，也有不同的介绍角度。近年来，国内有关葡萄酒的图书也越来越多，几乎每一本都会或多或少地讲到品酒的基本知识以及如何品酒。其实，品酒的过程非常简单，无非就是"观、闻、品、思"四个步骤。但如果想在品酒方面有自己的见解，并且有所建树，除了需要广泛的品酒经验，丰富的专业知识，还有很重要的一点，就是需要非常扎实的基础。《品酒》一书的特别之处就在于Jancis花了大量的篇幅，非常详细和专业地讲解和阐述了"观、闻、品、思"这四个步骤，并配合了大量的实践练习，让葡萄酒爱好者可以通过这些知识和实践打下稳固的基础，以帮助今后在葡萄酒方面的学习和进步。

　　因此，本书的前面两个章节至关重要。第一章从视觉、嗅觉、味觉直至触觉，解释了品酒的基础，包括如何把葡萄酒的颜色和色调变成辨别这款酒的"线索"，如何捕捉葡萄酒的香气，如何从各种味觉评估葡萄酒的特征和质量，如何掌握葡萄酒的丹宁、酒精度和酒体等组成部分对其质量的影响。第二章则介绍了各种客观条件对品酒的重要性，比如酒杯的选择，葡萄酒的温度，品酒时的环境和醒酒的时间等这些与葡萄酒息息相关的因素。

　　有了这两个章节作为基础，读者对后面具体介绍葡萄酒的其他章节就应该能有更深切和透澈的理解，并且对今后深入学习葡萄酒的知识也提供了路径帮助。第三章和第四章分别介绍了一些常见的葡萄品种，为读者形象地讲解了它们自身特征以及在不同产区的特点；第五章是对起泡酒和加烈酒的介绍；第六章则是美酒与美食的搭配指南。

《品酒》是一本深入浅出、提纲挈领的很独特的教科书。我期望并且也相信，无论你是葡萄酒的初学者，还是享用葡萄酒多年的爱好者，或者是在葡萄酒行业工作的同行，你都能从本书中有所收益。

翻译本书对我来说是一个挑战，毕竟这是我第一次从事翻译工作，如果译文中存在一些失误和疏漏，请大家多多谅解。对葡萄品种、产区和专用词汇的中文翻译，我花费大量时间查找并甄选了最为准确的译名。希望这些努力会对读者在以后阅读葡萄酒书籍和文章时有所帮助，也希望能借此为国内从事葡萄酒书籍写作及翻译的同行提供一些参考。

在本书翻译过程中，上海三联书店的邱红女士和徐志跃先生给予了我热诚的关心和帮助，在此深表谢意。同时也感谢亲爱的吴岳宣小姐，在翻译和出版的过程中，她给了我无私的支持与帮助。

葡萄酒是一门学问，但我希望读者们相信，葡萄酒更代表了一种个人无比欣喜的爱好和乐趣。尽情享受你杯中的美酒吧，不要被他人的言语和观点所影响。请记住，你在这一刻最享用的葡萄酒，就是这个世界上对你来说最好的葡萄酒！

祝大家品酒愉快！

吕 杨